PROFESSORAS NEGRAS

Trajetórias e Travessias

Patrícia Santana

PROFESSORAS NEGRAS

Trajetórias e Travessias

2ª edição

MAZZA
edições

2ª edição: 2011

Formatação
Marcus Vinicius Leite

Capa
Túlio Oliveira

Revisão
Maria Madalena L. Neta

S231p Santana, Patrícia.
Professor@s Negr@s: trajetórias e travessias / Patrícia Santana. 2. ed. – Belo Horizonte: Mazza Edições, 2011.

160p. ; 15,5 x 22,5 cm.

1. Negras – identidade racial – Brasil. 2. Professoras – Condições sociais. I. Título.

CDD: 305.896081
CDU: 371.13

Mazza Edições Ltda.
Rua Bragança, 101 – Bairro Pompeia – *Telefax:* (31) 3481-0591
30280-410 Belo Horizonte – MG
e-mail: edmazza@uai.com.br

Dedicatória

Dedico este trabalho a minha família.

A minha avó Maria, pelo empenho em ver netas e netos bem e felizes.

A meu pai Rubens, por ter-me proporcionado as condições de estudar. Sei do seu orgulho por isso.

A minha mãe Amerita, por ter-me dado quase tudo: carinho, alimento, compreensão, energia, coragem pelo exemplo de luta e persistência em situações de sofrimento e dificuldades.

A minha tia Rute, pela alegria com que nos premiava na infância; pelo carinho que nos dispensa até hoje.

A minha madrinha Nini, pelos elogios, carinhos, benzeduras em mim e em meus filhos; sei que está nos braços de Deus.

As minhas irmãs e irmão, pelo companheirismo de toda uma vida, pelo exemplo de luta e dedicação, especialmente Andréa, pela constante ajuda e apoio, inclusive nos momentos finais de impressão desta pesquisa.

A todos os meus parentes que estiveram presentes em minha vida e memória e contribuíram para minha existência.

Aos parentes de Viçosa: cunhadas(os) e sobrinhas(os), pelo incentivo e carinho com que me acolheram nessa outra família negra.

Aos amores da minha vida: meu marido Luciano, pelo incentivo e paciência com meus desesperos e angústias; meus filhos Víctor e Maíra dos Palmares, razões da minha existência. Desejo um mundo melhor para vocês e para todas as crianças.

Agradecimentos

Aos professores e professoras que se dispuseram a contar um pouco da sua história.

Aos companheiros e companheiras do movimento negro, especialmente: Cleide Hilda, Denise Ziviani, Cida Reis, Benilda, Marcos Cardoso e Flávio Cardoso, Rosália Estelita, Mara Catarina, Juninho, Macaé, Rosane e Celeste (Sobá), Edson Lopes Cardoso, Edileuza Penha.

A Mazza, lutadora e confiante em nosso trabalho.

Às orientadoras Ana Gomes e Nilma Lino Gomes pelas orientações, companheirismo e incentivo.

Sumário

Apresentação 9

Prefácio 11

Introdução

Algumas considerações sobre relações raciais no Brasil 15

Relações raciais na escola 21

Capítulo 1

Os caminhos percorridos 32

A riqueza contida nas entrevistas 38

Capítulo 2

Professores Negros: a configuração de um campo de estudos 41

Capítulo 3

Percursos de formação e transformação 55

Professora Maria Brandão dos Reis 56

Professora Carolina de Jesus 58

Professora Antonieta de Barros 59

Professora Luíza Mahin 61

Professor Luiz Gama 62

Experiências escolares e contextos político-sociais 63

"Processos de passagem" – a discriminação racial e seus desdobramentos 70

Estranhamento, silenciamento, dúvida. 75

Deslocando-se no tempo – a "mudança por dentro" 88

Deslocando-se no espaço ... 102

Tornando-se professor ... 108

Capítulo 4

Os espaços de atuação dos professores negros ... 113

A escola – espaço de discriminação racial e de luta contra o racismo – uma ambivalência ... 119

A escola – espaço da discriminação racial e desenraizamento do negro ... 122

A escola – espaço de luta contra o racismo ... 129

Contextos extraescolares – o desafio das políticas públicas ... 135

Considerações finais ... 139

Biografias ... 144

Carolina de Jesus ... 144

Antonieta de Barros ... 144

Luiza Mahin ... 145

Maria Brandão dos Reis ... 146

Luiz Gama ... 147

Bibliografia ... 149

Sobre a autora ... 159

APRESENTAÇÃO

O presente trabalho é uma versão ligeiramente modificada da dissertação de mestrado *Professores(as) negros(as) e relações raciais: percursos de formação e transformação* apresentada ao Programa de Pós-graduação: Conhecimento e Inclusão Social em Educação da FAE-UFMG em dezembro de 2003, sob a orientação da Professora Doutora Ana Maria Rabelo Gomes e Professora Doutora Nilma Lino Gomes.

O objetivo do estudo foi procurar compreender as diferentes visões e posicionamentos de professores(as) negros(as) frente à questão das relações raciais. O trabalho foi desenvolvido a partir do depoimento oral de quatro professoras negras e um professor negro da rede pública de ensino de Belo Horizonte, tendo como pressuposto a importância dos percursos biográficos nos processos de construção da identidade dos professores.

Será mostrada, aqui, a influência dos contextos por eles vivenciados na maneira de compreender e significar as discriminações sofridas, e como a diversidade de posicionamentos está intimamente ligada ao modo como as relações raciais se configuram no Brasil.

Será visto que cada professor terá reações diferentes, em momentos diversos, em relação às discriminações sofridas: negação do preconceito, conformação ou à não-percepção da sua incidência. E a mudança na forma de perceber como o racismo se manifesta, tanto na sociedade quanto na vida de cada um, dependerá de um longo processo de reelaboração pessoal. Esse caminho será marcado por dúvidas, silêncios, angústia, constrangimentos, ressentimentos, revolta. As experiências vividas pelos professores, quando alunos, e a forma como essas experiências significaram em suas vidas; o envolvimento ou não em projetos de combate ao racismo; tudo isso terá desdobramentos e reflexos nas suas atividades pedagógicas. A diversidade dos percursos expressará as diferentes posturas diante da questão racial, dentro e fora da escola.

Para a elaboração deste livro pequenos ajustes e cortes foram efetuados no texto original, suprimindo as informações de interesse mais acadêmico, para que sua leitura se tornasse mais leve e mais fluente. Aqueles que desejarem ter acesso ao texto integral da dissertação poderão fazê-lo através da biblioteca da FAE.

Prefácio

A inserção política e acadêmica de Patrícia Santana revela uma trajetória que vale a pena ser destacada: graduada em História, professora da rede pública municipal de Belo Horizonte, bolsista do Concurso Negro e Educação (ANPED e Ação Educativa), militante negra, coordenadora do Grupo de Educadoras(es) Negras(os) da Fundação Centro de Referência da Cultura Negra de Belo Horizonte e mestra em Educação pela FAE/UFMG.

Toda essa trajetória tem sido marcada por dois compromissos: o compromisso com a educação e com o povo negro. Ambos a levaram a realizar a dissertação de mestrado que agora vem a público no formato de livro.

Foi interessante acompanhar, durante o mestrado, o processo de amadurecimento acadêmico da autora: as tentativas de conciliar o tempo da escola, da família, da pesquisa e da militância; a descoberta da disciplina acadêmica que nos leva a fazer uma imersão que ocasiona longos períodos de reclusão e que interfere no tempo da família, da participação política e da vida pessoal.

Esse processo, vivido pela autora e demais estudantes que conseguem (muitos, a duras penas!) ingressar numa pós-graduação, foi vivido por Patrícia com a determinação de alguém que tinha consciência plena do que representa para a comunidade negra e mais, para as mulheres negras, inserir-se na vida acadêmica em um país com tanta desigualdade racial e social. Se os(as) negros(as) representam, hoje, 2% da população que consegue cursar a graduação em nosso país, imaginem qual será essa porcentagem quando analisarmos a inserção desse segmento étnico/racial na pós-graduação!

Do texto denúncia ao texto analítico. Das reflexões muito coladas à própria prática política e pedagógica ao aprofundamento do tema dentro do complexo campo da educação básica brasileira, sem perder a especificidade da questão racial. A passagem de uma forma de escrita onde o tom imperativo dominava, a uma forma de escrita que, sem perder incisividade e força expressiva, se tornou mais multifacetada, buscando trazer a público a riqueza dos percursos biográficos, as diferentes dimensões e expressões da identidade, as diferentes formas de viver e de expressar o pertencimento racial. Da percepção imperativa de um compromisso que soava em uníssono, Patrícia chega a explicitar – com a sensibilidade de quem penetra histórias que são privadas, mas que ao mesmo tempo possuem uma dimensão coletiva – as variações em torno do tema da identidade e do conflito racial, expressas na experiência de seus entrevistados.

Essas são algumas características do processo que vivemos junto a Patrícia. Momentos de dúvidas, tensos, de dificuldades, de descobertas, de cumplicidades... Se isso já é o esperado de toda e qualquer trajetória numa pós-graduação, quando esse processo é realizado com seriedade, enfrentando medos e desafios, e buscando compartilhar competências, o resultado é o que o leitor e a leitora verão nas páginas deste livro: um mergulho na realidade socioeducacional estudada, inflexões e novas reflexões sobre a questão racial. Algumas, inclusive, que nos trazem um certo desconforto pessoal e político, mas cuja explicitação é necessária e só nos fará amadurecer, além de dar mais qualidade à produção teórica sobre relações raciais e educação.

O livro de Patrícia Santana configura-se como mais uma pesquisa realizada na Pós-Graduação da FAE/UFMG que aborda o tema das relações entre negro e educação. Temos ainda poucas produções sobre essa temática na FAE e no campo da educação no Brasil; e por isso continuamos precisando que bons trabalhos sejam realizados e publicados.

Este livro tem ainda uma especificidade que precisa ser destacada: trata-se de uma pesquisa sobre professores(as) negros(as), suas subjetividades, sua formação, suas trajetórias profissionais e políticas. Essa é uma temática muito carente de investigações.

Nesse sentido, uma das novidades que a pesquisa realizada traz é a discussão sobre os percursos profissionais e de vida de professores(as) negros(as) e como estes interferem na construção da sua identidade e no seu fazer pedagógico. Lamentavelmente, vemos que a escola não ocupou um lugar muito positivo nessas trajetórias e que, ainda hoje, o trato das relações raciais na educação escolar não é visto como uma questão pedagógica para todos e todas, mas, sim, como uma tarefa dos militantes do movimento negro e dos(as) negros(as) e brancos(as) que "simpatizam" com a causa.

Isso nos leva a refletir sobre o fato de que a questão racial ainda precisa ser levada mais a sério pela educação brasileira no seu conjunto. Seriedade que vemos na postura pessoal, profissional e política da autora deste livro, e que se expressa nas páginas seguintes.

Ana Maria R. Gomes e *Nilma Lino Gomes*
(Professoras da FAE/UFMG)

Introdução

Algumas considerações sobre relações raciais no Brasil

"O sim que é não, o não que é sim. É assim o Brasil ou não?"

Oliveira Silveira

A posse, no ano de 2003, de um presidente oriundo das camadas populares trouxe a expectativa de mudanças para alguns setores sociais, especialmente para aqueles que vêm acumulando uma demanda histórica por transformações que possam lhes garantir melhores condições de vida.

Para a população negra, especificamente, as medidas mais recentes adotadas pelo Governo Lula – como a criação da SEPPIR, Secretaria Especial de Políticas de Promoção da Igualdade Racial; a promulgação da Lei 10.639, de janeiro de 2003, que torna obrigatório, nos estabelecimentos de ensino fundamental e médio, oficiais e particulares, o ensino de história e cultura afro-brasileira, da história da África; e a inclusão do dia 20 de novembro, dia da Consciência Negra, no calendário escolar – acenam para a possibilidade de mudanças na busca de reversão das desigualdades raciais no Brasil.

Mas esse momento não poderá ser compreendido sem se levar em consideração o papel dos movimentos sociais na efetivação dessas mudanças. O Movimento Negro, especialmente, há muito vem lutando pela implementação de políticas públicas que garantam o acesso das camadas negras e pobres da sociedade a direitos essenciais à vida, como emprego, moradia, educação, saúde e também ao pleno reconhecimento das diferenças como marca de humanidade e não como justificativa para processos de desrespeito e discriminações permanentes.

Nesse contexto, temos assistido a um considerável aumento do debate sobre a temática das relações raciais. As constantes discussões em torno das políticas de ações afirmativas para negros são um exemplo de como, para uma parcela significativa da sociedade brasileira, falar de racismo, discriminação, reparações e cotas ainda fere valores arraigados no mito da democracia racial e na perpetuação do poder das elites brancas. Demonstra, ainda, o pouco amadurecimento de vários setores da sociedade sobre um tema tão importante para o País.

Não entrando no mérito das divergências em torno da discussão de ações afirmativas, compreendemos que quanto mais o assunto vem à tona, mais visibilidade é dada à real situação em que se encontra a população negra brasileira. Além disso, tal debate possibilita uma melhor compreensão de como os brasileiros pensam as relações raciais e faz emergir, talvez, um melhor entendimento dos mecanismos que geram as desigualdades. Nesse sentido, algumas questões exigem maior reflexão: sob quais motivações a discriminação racial se perpetua? Temos o racismo reproduzido alicerçado em quais ideologias? Como as históricas ausências de políticas públicas produziram um fosso social com forte motivação racial em nosso país?

No Brasil, a questão racial ainda se apresenta como um campo muito escorregadio, cheio de imbricações e controvérsias que tornam difíceis quaisquer empreendimentos que buscam desvelar como se dão, de fato, as relações raciais na sociedade. Essas dificuldades localizam-se em um terreno que levou séculos para se constituir e criou um arraigamento de ideias que podem estar vinculadas a formas de pensar de séculos passados, nas quais as hierarquias sociais eram explicadas a partir de concepções biológicas sobre a existência das raças.

No século XIX, houve um amplo debate e disseminação de ideias racistas. Num período próximo à abolição da escravidão havia grupos de intelectuais e políticos que pregavam a incapacidade dos negros para determinados serviços e defendiam a importação de mão-de-obra vinda da Europa como forma, também, de branquear a população. Esses políticos e intelectuais da época entendiam que o "atraso" do País estava associado ao perfil étnico-racial do contingente populacional brasileiro marcadamente negro e mestiço. Havia o desejo de aproximar o Brasil dos padrões de aparência física dos europeus, pois acreditava-se que havia uma estreita relação entre embranquecimento e desenvolvimento da nação. Concepções dessa natureza tiveram desdobramentos sociais, econômicos e políticos para os negros, mestiços e indígenas sobre os quais incidia o preconceito racial e que, até hoje, amargam péssimas condições de vida.

Pode-se dizer que as teorias que propugnavam a construção de um país mais próximo dos padrões europeus, as teorias do branqueamento, continuam rondando as cabeças de muitos brasileiros. A ideologia do branqueamento foi proposta no Brasil por autores como Oliveira Viana e passou a fazer parte dos ideais dos brasileiros, de forma geral, e de muitos daqueles que não queriam ser identificados como negros e carregar toda a adjetivação depreciativa que lhes foi e é imputada. Baseando-se nas características físicas e culturais dos grupos dominantes, impingiu-se aos negros, mestiços e indígenas a condição de inferioridade, de desumanidade, de incapacidade, de miséria física, material e moral.

Com o passar do tempo, a teoria do branqueamento desdobrou-se em uma outra forma de fugir do passado "negro" do Brasil: a miscigenação. No conceito de miscigenação, quanto mais o negro se aproximar dos padrões estéticos do branco mais possibilidade terá de ser aceito na sociedade. Assim, a miscigenação torna-se uma forma de hierarquizar racialmente as pessoas.

De acordo com Carneiro (1996), Gilberto Freyre, em sua obra *Casa Grande & Senzala*, completou a teoria da mestiçagem. Ao contrário de alguns pensadores que associavam a mestiçagem ao atraso, para Freyre os brasileiros haviam resolvido seus problemas raciais com o cruzamento das três raças. Nessa perspectiva, Freyre pode ser considerado o intérprete mais exemplar de um conjunto de ideias que desaguou no mito da democracia racial. Ele disseminou o pensamento de que vivíamos em um país onde o racismo inexistia dado às misturas, aos relacionamentos inter-raciais e à existência de um povo mestiço, cordial e sem preconceitos. O mito da democracia racial norteia o imaginário dos brasileiros até hoje, "pois exalta a ideia de convivência harmoniosa entre os indivíduos de todas as camadas sociais" (MUNANGA, 1999, p. 80). Mas é importante destacar que, subjacente a esse mito, havia a crença de que através da miscigenação o contingente negro da população seria gradualmente extinto apagando, talvez, as marcas da escravidão e do preconceito. Para alguns autores, como d'Adesky (2001), o recurso da mestiçagem como forma de afastar-se das heranças africanas significa um verdadeiro genocídio dos negros.

No entanto, as tentativas de mostrar um outro Brasil, avesso ao preconceito e à discriminação racial, tendo seu expoente em Gilberto Freyre, não conseguiram atingir a estrutura social marcadamente hierarquizada e desigual. Ao contrário, contribuíram para mascarar a realidade discriminatória da sociedade brasileira, impedindo a efetivação de políticas públicas consistentes no enfrentamento do racismo, ao mesmo tempo em que provocaram uma série de dificuldades para a identificação de quem é negro no Brasil. Essa dificuldade hoje se mostra mais evidente quando se procura beneficiar a população afro-descendente com políticas públicas de inclusão social. Porém, para efeito de discriminação racial, todos sabem quem são os negros. Na linha de pensamento segundo a qual viveríamos em um paraíso racial, falar em preconceito no Brasil seria inventar um problema que de fato não existiria.

As tentativas de explicar as desigualdades sociais a partir de processos de discriminação racial eram entendidas como uma espécie de importação de problemas de outros países como Estados Unidos e África do Sul. No Brasil, as péssimas condições de vida a que estava/está sujeita a maioria da população negra poderiam ser explicadas por fatores associados à escravidão, à forma como o negro foi integrado à sociedade, à ausência de esforço individual e não a um racismo existente em nosso meio. O preconceito de ter preconceito (FERNANDES, 1978; NOGUEIRA, 1985) foi a explicação dada a esse "jeitinho brasileiro" de escamotear uma realidade que pulsa a todo instante no País. Tal escamoteamento serviu e serve para manter o racismo sob um manto de silêncio.

As reminiscências da doutrina racialista do século XIX, segundo a qual "há características hereditárias partilhadas por membros de nossa espécie que nos permitem dividi-la num pequeno número de raças" (APPIAH, 1997), associadas ao ideário de branqueamento e ao mito da democracia racial, instituíram um cenário no qual quanto menos se fala das relações raciais, menos se põe a mão numa ferida ocultada por anos de dissimulação e menos se questiona um poder instituído pelas elites brancas. Os afro-brasileiros, perdidos em meio a tantas indefinições, têm dúvidas a respeito de sua própria identidade, "ser ou não ser negro". Ao mesmo tempo em que são alvos de discriminação, não conseguem, muitas vezes, sequer distinguir se tal discriminação teve motivação racial ou não. E, quando conseguem fazer essa distinção, enfrentam dificuldades para proceder a qualquer tipo de queixa, desde o enfrentamento no campo pessoal, até a procura de instâncias jurídicas para reparação dos danos causados pela discriminação sofrida.

A reversão de estereótipos negativos e preconceitos com relação à população negra é obra para um longo processo de mudanças e transformações, se considerarmos a construção ideológica, segundo a qual, no Brasil impera a democracia racial. Também o ideal de branqueamento, que permeou a mentalidade política e econômica do período pré e pós-abolição, ainda persiste e nos faz conviver com situações que remetem a esse ideário, quando, por exemplo, muitos negros se afastam de suas origens raciais intentando serem *aceitos na sociedade* (MUNANGA, 1999).

Paralelamente a essas dificuldades, deparamo-nos com as incessantes lutas do Movimento Negro que empreende ações visando não só a defesa dos valores culturais dos afro-brasileiros, como a modificação das relações desiguais motivadas pela discriminação racial. Essas lutas são marcadas por enormes empecilhos associados, em larga medida, à visão de um país sem preconceitos ou, se muito, detentor de um *racismo cordial*, termo usado para dar título aos resultados da pesquisa realizada pelo jornal Folha de São Paulo em 1995. Nessa pesquisa a maioria das pessoas entrevistadas reconheceu a existência do racismo, mas não teve coragem de admitir que era racista. É um racismo não explicitado em muitos casos, mas que todos sabem que existe. Concordamos com Botelho (2000) quando faz uma crítica contundente a esse tipo de expressão. O que seria racismo cordial? A propósito, pode haver adjetivo positivo para algo que impede que potencialidades humanas se desenvolvam, que nega humanidade às pessoas, que coloca um grupo em posição de inferioridade durante séculos?

Guimarães (1998) alerta para o fato de que as enormes dificuldades em caracterizar como crime as situações de racismo existentes no cotidiano da sociedade brasileira refletem o escamoteamento da nossa realidade racista. Esse escamoteamento pode ser considerado como herança da ideia de democracia racial. Nessa linha, o silêncio em torno da questão permeia os espaços sociais e políticos, causando estranhamento em muitas pessoas a identificação da violência racial que faz parte do cotidiano e fomenta sérias desigualdades sociais.

Ora, se para muitos brasileiros o preconceito e a discriminação racial não existem e, aliado a isso, muitos não reconhecem a existência de um número significativo de pessoas negras no Brasil, como falar em políticas que promovam a igualdade racial? Como falar em desigualdade racial? Como caracterizar uma situação de preconceito e discriminação racial? Como, enquanto negro ofendido e humilhado, compreender que a ofensa e a humilhação se dão pela racialização imputada pelo outro que é diferente? Seria mesmo preconceito racial? Ou seria a condição social de pessoa pobre e negra? Ou a forma de se vestir ou a maneira de ser diferente de um padrão, branco, diga-se de passagem? Será que o racismo existe mesmo no Brasil e as pessoas são alvo dele? Será que ousaram relegar às pessoas negras o lugar de não-humano? Como é possível lidar com tamanha humilhação? Como o brasileiro poderá se assumir racista se a imagem que carregamos e levamos para o mundo é a de um povo cordial, do qual os conflitos raciais não fazem parte?

Esse emaranhado de dúvidas é fruto desse Brasil que é "sim e não" ao mesmo tempo. Um Brasil que se diz *cordial*, que se silencia sobre o preconceito e mantém um verdadeiro *apartheid* social e racial. Essa engenharia ideológica tem contribuído para a manutenção de uma sociedade hierarquizada e tornado difícil não só o enfrentamento do racismo, mas o próprio fato de falar sobre ele. Nesse sentido, a racialização, como forma de hierarquizar as pessoas na sociedade, permanece na estrutura social do nosso país, embora isso seja negado insistentemente por diversos segmentos. Determinados grupos, como as populações indígenas e negras, têm sido vítimas de um processo histórico de discriminação que os coloca em situação de desigualdade em vários campos: no mercado de trabalho, no acesso à moradia, a serviços de saúde e à educação. E aqueles que conseguiram romper algumas barreiras do racismo e passaram a ocupar posições mais distanciadas da subalternidade tiveram que enfrentar uma série de obstáculos marcados por todos os complicadores de não ser branco no Brasil.

Como vimos até aqui, na sociedade mais ampla as relações raciais se estabelecem de forma ambígua, sendo que o silenciamento em torno do racismo é uma das marcas da sociedade brasileira. Vejamos como essas relações se dão na escola.

Relações raciais na escola

> *"A escola é, sobretudo, um local de desenraizamento para as crianças negras".* (Jacques d'Adesky)

Se na sociedade brasileira, de forma geral, é difícil consolidar as discussões sobre relações raciais, na escola isso não é diferente. As crianças negras enfrentam o preconceito na escola desde muito cedo, pois entram cada vez mais novas em instituições educativas, como creches e escolas de educação infantil. Nessas instituições, vivenciam a invisibilidade da cultura e história de resistência dos negros no Brasil nos conteúdos escolares e a ausência de estudos que desmitifiquem o continente africano como continente da barbárie, da fome e da miséria. As crianças negras são desenraizadas de sua origem étnico-racial, cultural, histórica. As escolas e muitos livros didáticos continuam contando a história do negro sob a ótica apenas da escravidão, destituindo de importância histórias anteriores à escravidão, história da África, história de resistência e de lutas dos negros no Brasil. A escola apresenta-se para muitos grupos sociais e étnico-raciais como um local de humilhação e tensão constantes, diminuindo nas crianças negras o desejo de nela permanecerem (AMARAL, 2001).

Porém, a intervenção da escola para reversão de uma imagem negativa imputada ao negro é prioritária, e torna-se necessária a disseminação da relevância do tema associado a uma política de formação de professores para trabalhar com a temática. Não é sem razão que há muito tempo a educação tem sido pautada na agenda política do Movimento Negro brasileiro. Principalmente a partir de 1930 associações afro-brasileiras já defendiam a necessidade de escolarização para a população negra.

Atualmente, uma série de medidas e ações vêm sendo encaminhadas com vistas a reverter as desigualdades educacionais provocadas pelo longo processo de discriminação racial existente em nosso país. Podemos citar alguns exemplos, como cotas para negros em algumas universidades (UERJ, UNEB, UNB, EEF); Programa Políticas da Cor; Prêmio CEERT Educar para a Igualdade Racial; Concurso o Negro e a Educação; programa do MEC, Universidade na Diversidade; programa de Ações Afirmativas da Fundação Ford (mestrado e doutorado); disseminação de vários cursos pré-vestibulares para negros e carentes, destacando-se a rede EDUCAFRO espalhada em todo o Brasil.

No campo acadêmico, pesquisas realizadas, a partir principalmente do final da década de 1970, já vinham alertando para as desigualdades educacionais relativas à população negra no Brasil. Esses estudos demonstraram o enorme fosso existente entre os anos de escolaridade de pretos e pardos comparados com os da população branca e que, apesar de todas as mudanças ocorridas na educação ao longo de anos, inclusive com a ampliação de vagas nas escolas públicas de ensino fundamental, para os negros chegarem à universidade eles têm que romper inúmeras barreiras que vão desde as discriminações sofridas no interior da escola, até as dificuldades materiais e financeiras para se manterem nos estudos. Nesse sentido, diversos estudos foram e são empreendidos com o objetivo de trazer à luz questões que permitam compreender como se dava a educação dos afro-brasileiros: currículos escolares que não contemplavam de forma satisfatória a história e a cultura dos negros; livros didáticos veiculadores de preconceitos com relação aos negros, índios e mulheres; atitudes desfavoráveis e omissas dos professores diante de situações de discriminação no interior das escolas; diferença no tratamento dado a alunos negros; vivências de preconceitos por parte de alunos e professores negros nas escolas, dentre outras.

Cavalleiro (2000), em pesquisa realizada numa instituição de educação infantil da rede pública de São Paulo, descreveu e analisou inúmeras situações de racismo por ela observadas no cotidiano da escola. Ficou evidente não só o despreparo das professoras, de uma forma geral, para lidar com o tema das relações raciais e com as situações de discriminações no interior do estabelecimento, como também a falta de sensibilidade por parte de algumas docentes frente à seriedade do problema. Há, ainda, exemplos grotescos de preconceitos dos quais as próprias educadoras são agentes, como este:

> O preconceito de raça, se você pensar bem, geralmente é em matéria de cheiro. Uma pessoa que é negra, a pele, a melanina faz com que o cheiro fique mais forte. Hoje em dia, esse preconceito de cheiro já melhorou muito com os produtos modernos das nossas indústrias – os desodorantes, as minâncoras da vida (pomadas). Estes tipos de antitranspirantes fazem com que não exista o cheiro. Não havendo o cheiro, não existe o porquê de o branco não conversar com o preto e vice-versa. Tem gente que melhorou muito *(Ana, professora entrevistada por CAVALLEIRO, 2000, p. 24).*

Esse depoimento mostra falta de informação e conhecimento, revela uma lacuna na formação da professora e expressa a introjeção do preconceito racial existente no imaginário social. É inadmissível que uma professora reproduza tal discurso sem a menor reflexão. Com relação a esse aspecto, Pinto (1999), a partir dos resultados obtidos com pesquisa realizada nos cursos de magistério da cidade de São Paulo, chama a atenção para a precarização da formação docente no campo das relações étnico-raciais. Os estímulos que levam os professores a abordarem o tema não partem da reflexão sobre as questões tratadas nas disciplinas que ministram. Segundo a pesquisadora, isso é um indício de que a formação teórica desses professores foi inconsistente. Vale salientar que os mesmos professores avaliaram negativamente o tratamento dado às questões raciais nos cursos de graduação.

Outros estudos[1] também destacam a importância do professor no processo de desconstrução do racismo. Neles, é enfatizada a responsabilidade dos professores frente a construção de um currículo que contemple a diversidade, e é considerada fundamental uma mudança de postura em relação ao alunado negro, com ações que possam reforçar positivamente a autoestima desses e de todos os outros alunos. Esses estudos destacam ainda a importância da efetivação de políticas de formação de professores a fim de capacitá-los para essa tarefa.

Segundo Gonçalves e Gonçalves e Silva (1998), nos Estados Unidos, país que já possui uma significativa experiência no campo da educação multicultural, a figura do professor é vista como imprescindível para aqueles que estão envolvidos com a temática da educação e da diversidade. De acordo com esses autores, a educação multicultural visa criar "oportunidades de sucesso escolar para todos os alunos independente de seu grupo social, étnico, racial" (p.55). Naquele país, a formação de professores numa perspectiva multicultural passa a ser fundamental. Nesses cursos de formação são estudadas questões referentes às manifestações das diferenças e das desigualdades sociais; às diversas formas de

---

[1] Pinto (1999), Valente (1995), Gomes (1995), Botelho (2000), Ziviani (2003), dentre outros.

aprendizagens associadas a diferentes grupos; ao desenvolvimento de habilidades voltadas para intervenções sociais; às contribuições das diversas culturas para a formação humana; às estratégias para lidar com a diversidade cultural em sala de aula, etc. Nessa dimensão, o professor é pensado como o dinamizador das políticas multiculturais no espaço escolar. Os professores negros norte-americanos que atuam junto aos alunos provenientes de setores discriminados alcançam sucesso, de acordo com os autores, porque "expressam solidariedade" com a comunidade afro-descendente. Responsabilizam-se em educar esses alunos de forma abrangente, preparando-os não só para o sucesso escolar, como para viverem e participarem da vida geral na sociedade.

No Brasil, o interesse por compreender a atuação dos professores negros, sua presença no magistério ao longo da história, suas vivências com o preconceito, dentre outros aspectos, tem gerado um significativo número de pesquisas. Aos poucos, está sendo constituído um campo de estudos sobre professores negros dentro da temática das relações raciais e educação. Esses estudos têm permitido uma maior compreensão da importância da temática por trazerem à tona uma série de elementos a respeito das manifestações de preconceitos que permeiam a vida escolar e de como esses professores lidam com tais situações.

Portanto, não podemos desconsiderar que existe um crescente interesse pela temática, bem como já possuímos, embora seja insuficiente, uma significativa produção acadêmica nesse sentido. Entretanto, no que tange aos estudos feitos na área da Educação, esses ainda não provocaram mudanças mais efetivas no sistema escolar. Os dados estatísticos, com relação à escolaridade da população negra, revelam a necessidade de maior aprofundamento a respeito dessa situação e apontam como é importante a proliferação de estudos que possam subsidiar a busca de caminhos para transformar a realidade retratada nas estatísticas sobre a população negra.

Foi no intuito de compreender com maior profundidade o alcance da atuação dos professores frente às propostas que têm por objetivo educar sem fomentar desigualdades, que alguns questionamentos surgiram na realização deste trabalho: como os professores se colocam diante desse problema? São problemas relacionados somente às pessoas negras ou são questões ligadas à forma como a sociedade lida com o tema? Como os professores negros se posicionam frente ao tema nas escolas, uma vez que muitas ações antirracismo são realizadas por esses docentes?

O terreno escorregadio, marcado por silêncios e escamoteamentos da realidade racial brasileira, conforme exposto anteriormente, também esteve presente na pesquisa, expresso num emaranhado de dúvidas evidenciadas na fala dos entrevistados. Aos poucos, os objetivos da pesquisa foram-se dirigindo para a investigação de alguns aspectos pessoais ligados à vida escolar e profissional de professores (as) negros (as)[2], no que diz respeito a suas experiências com a discriminação racial. Interessou-me também analisar como essas experiências relacionam-se com a forma de os docentes lidarem com a questão racial na escola. Busquei identificar problemas, percepções ou questões significativas dentro da temática mais ampla das relações raciais, chamando a atenção para as dificuldades em abordar um tema que é silenciado em tantas dimensões e em diversas circunstâncias na vida das pessoas.

Alguns caminhos foram percorridos até que eu pudesse chegar à compreensão de que era necessário investigar as experiências desses profissionais. A necessidade de investigar a atuação de professores negros começou a se consolidar a partir das conclusões de outra pesquisa desenvolvida no período de 1999 e 2000. Como pesquisadora selecionada no primeiro concurso "O Negro e a Educação"[3], investiguei a existência de projetos que trabalhavam o tema das relações raciais em escolas da rede municipal de ensino de Belo Horizonte e identifiquei diversos professores negros que

---

[2] A partir de agora será usada a forma geral, masculino plural, para indicação de professores e professoras.

[3] Concurso promovido pela Anped, Ação Educativa e Fundação Ford, no ano de 1999. A pesquisa que realizei foi concluída em 2000 com o título "Rompendo as barreiras do silêncio: os projetos pedagógicos que discutem as relações raciais em escolas da rede municipal de ensino de Belo Horizonte".

possuíam experiências significativas no trato da questão racial na escola. Vale voltar no tempo e retomar um pouco da minha trajetória que culminou neste trabalho.

Meu percurso como professora e militante do Movimento Negro me impôs constantes reflexões acerca das relações raciais na escola e levou-me a estabelecer comparações com minha própria trajetória escolar como criança negra. Já como professora, as inquietações sobre o racismo e a discriminação racial nunca se distanciaram da atuação profissional, e nas práticas pedagógicas eu sempre trouxe o tema das relações raciais para a sala de aula e, em alguns momentos, para a escola como um todo. Enfrentei uma série de desafios que me lançaram à procura de alternativas de trabalho com um tema tão difícil de se efetivar na instituição escolar. E uma alternativa foi participar de momentos de formação, que foram fundamentais para o aprofundamento do tema.

A militância me oferecia subsídios mais gerais sobre a situação do negro no Brasil, mas com relação ao trato pedagógico do tema na sala de aula não possuía uma formação mais consistente. Adquiri um maior aprofundamento dessa questão no campo educacional e, até mesmo, na construção de estratégias de atuação junto a alunos e professores na participação em dois projetos em especial: o Projeto Oportunidades Iguais Para Todos/CEERT-PBH e o Grupo de Trabalho Interdisciplinar da SMACON, Secretaria Municipal para Assuntos da Comunidade Negra de Belo Horizonte. Nesses dois projetos, tive a oportunidade de conviver com profissionais da educação que estavam buscando alternativas para o trabalho com a questão racial na escola. Muitas causas das minhas angústias eram semelhantes às de colegas participantes dos projetos: trabalhos isolados dentro das disciplinas sem a adesão do conjunto de profissionais da instituição escolar; dificuldade de acesso a materiais que contemplassem a temática; insuficiência de formas mais "adequadas" para abordar a questão racial, dentre outras. Foram momentos muito ricos de discussão e estudos que possibilitaram intercâmbios com grupos e pessoas de todo o Brasil que vinham acumulando experiências sobre relações raciais e educação já há algum tempo.

Com o primeiro concurso "O Negro e a Educação", fui estimulada a investigar a presença de projetos pedagógicos que trabalhavam a questão racial nas escolas da rede municipal de ensino de Belo Horizonte. Cabe salientar que, cinco anos atrás, o Programa Escola Plural, ainda em processo de efetivação, abria a possibilidade de se trabalhar com temáticas até então bem distantes dos conteúdos escolares, valorizando a cultura como eixo fundamental do currículo, o que poderia se constituir como um contexto propício para trabalhos que visassem discutir a questão racial.

Naquele momento, interessava saber quantos e quais eram os projetos que trabalhavam com temas associados à cultura negra, discriminação racial, racismo e preconceito; por que esses projetos eram desencadeados e se eram ou não significativos para o conjunto da escola; quais as estratégias político-pedagógicas utilizadas; e quais as principais dificuldades. Não sabia como a temática se apresentava nas escolas nem mesmo em quais escolas ela estava presente. Não havia um banco de dados na Secretaria Municipal de Educação que centralizasse esse tipo de informação.

No decorrer do processo dessa pesquisa sobre os projetos pedagógicos que tratavam o tema das relações raciais, fui me deparando com algumas situações que trouxeram à tona a importância do professor como agente fundamental no processo de desconstrução do racismo. E uma das principais constatações foi que professores negros eram a maioria à frente dos projetos e esses professores enfrentavam uma série de dificuldades para empreenderem suas ações no interior da escola, demonstrando o quanto a temática das relações raciais ainda era pouco incorporada em nossas instituições educacionais.

Das entrevistas realizadas com onze professores, três homens e oito mulheres, que coordenavam os projetos com a temática racial, apenas um se classificou como branco, entretanto, observou que o projeto havia sido idealizado e proposto por uma professora negra que já tinha saído da escola; os demais se classificaram como negros. A maioria desses educadores disse que realizava os projetos por ser negro . Destacaram que suas motivações eram pessoais, associadas às suas trajetórias de vida, de experiências de discriminação, de humilhações e de visões negativas de si mesmos por causa da cor.

Com as entrevistas, pude compreender um pouco da dinâmica dos projetos, mas não foi possível aprofundar a natureza da ação dos docentes, pois faltaram-me dados para confrontar como se relacionava o fato de serem negros com a sua função de professor. Uma vez que nem todos os professores negros empreendem ações voltadas ao tema das relações raciais, isso faz com que sejam levantadas perguntas sobre as diversas compreensões em torno da questão racial na escola: por que essa prática estaria circunscrita, na maioria dos casos, a alguns professores negros? As dificuldades na abordagem do tema poderiam estar influenciando o silenciamento da questão na escola, contribuindo para o reduzido número de profissionais tematizando a questão racial?

Apesar de os resultados da pesquisa terem demonstrado que o trabalho com a temática das relações raciais estava mais presente nas escolas do que eu supunha, a restrita presença de professores negros à frente dos projetos suscitou-me outros questionamentos. Por que os professores de uma forma geral não se comprometem com o tema? As lacunas no processo de formação desses profissionais seriam o único motivo? Muitos trabalhos enfatizam a formação como elemento crucial na definição da prática pedagógica de professores, mas acredito que provavelmente a trajetória de vida tenha tanta importância quanto os processos de formação. Por isso, instigava-me entender como os percursos biográficos dos educadores se relacionam com sua atuação na escola e como os professores que desenvolvem os projetos em relação à temática racial dão sentido e significado às suas ações.

O reconhecimento de que é papel do professor trabalhar com essas questões ficou em plano secundário nas justificativas. Uma professora disse que os professores brancos não deviam se interessar pela temática das relações raciais, uma vez que não eram negros e que ela própria atuava com a temática por afirmação pessoal, afirmação de sua identidade enquanto negra e que pensava pouco nos efeitos de seu trabalho para os alunos e para a escola.

Os relatos dessa professora, em especial, instigaram-me a tentar compreender o que estava além dos processos formativos instituídos nos centros de formação e universidades. Que outros espaços de formação poderiam tornar possíveis posturas como as dos professores que encontrei na pesquisa sobre projetos pedagógicos antirracismo?

A indicação de que por trás do profissional docente havia uma pessoa desencadeou um processo de mudança nos estudos a respeito de sua formação. Nesse sentido, tornou-se fundamental compreender o profissional a partir também de suas experiências de vida, dos processos de constituição de sua identidade pessoal e profissional. De acordo com Nóvoa (2000, p. 15), "a literatura pedagógica foi invadida por obras e estudos sobre vida dos professores, as carreiras e os percursos profissionais, as biografias e autobiografias docentes ou o desenvolvimento pessoal dos professores". Esses estudos sobre professores e suas vivências revelaram que a atuação deles está intimamente associada à forma como cada um se constitui como pessoa. Nesse sentido, identidades profissionais e pessoais se entrelaçam, oferecendo subsídios para a compreensão da experiência pedagógica dos professores. Para Nóvoa (2000), é impossível separar o eu profissional do eu pessoal.

Considerando a relevância dos estudos voltados para a história de vida de professores, que têm tomado cada vez mais espaço nos estudos sobre formação docente, a presente pesquisa orientou-se para a história de vida de professores negros ou a parte dessas histórias, na perspectiva de trazer contribuições para o entendimento dos motivos pelos quais eles se envolvem mais ou menos com a temática racial nas escolas.

A escolha por trabalhar somente com professores negros se deu, principalmente, pelo fato de terem sido maioria à frente dos projetos que haviam mapeado na rede municipal de ensino de Belo Horizonte. E também pelo fato de que suas trajetórias, tanto escolar quanto profissional, poderiam revelar as vicissitudes do racismo e das relações raciais no Brasil e na escola, uma vez que, sendo negros, poderiam ter se deparado com situações de violência racial no ambiente escolar em diversas fases de suas vidas. Portanto, fui investigar de que forma as experiências e os processos de constituição da identidade dos professores negros nos ajudam a entender seus posicionamentos frente à questão racial na escola; como vivenciaram o problema racial em seus percursos escolares e profissionais e como se estruturou a sua prática pedagógica a partir dessas vivências.

Capítulo 1

Os caminhos percorridos

Este trabalho foi realizado com professores negros de escolas da rede pública de ensino de Belo Horizonte localizadas na regional Leste[4]. Para chegar a essa regional apoiei-me em levantamento anterior, realizado a partir de pesquisa feita em 1999.

De acordo com essa pesquisa, essa regional possuía nove escolas municipais que desenvolviam trabalhos com temas voltados para as relações raciais, através de projetos mais coletivos ou de atuações isoladas de um ou poucos professores. Além disso, essa regional abriga uma série de ações e movimentos voltados para as questões sociais e culturais que têm a questão da negritude como foco. Experiências interessantes estão sendo realizadas principalmente nos bairros Taquaril, Alto Vera Cruz e Santa Efigênia.

No Taquaril, além do forte movimento para melhoria das condições do bairro, existe uma experiência nascida a partir de um projeto realizado na E. M. Fernando Dias Costa que congrega jovens do terceiro ciclo, em sua maioria negros, no Grupo *GP Taquaril*. Esse é um grupo musical de percussão que resgata vários ritmos afro-brasileiros e afro-americanos. Uma experiência semelhante também existe na E. M. Santos Dumont, no bairro Santa Efigênia, o grupo chama-se *Santo Batuque*. Nesse projeto, a professora que o coordena desenvolve temas voltados para a questão das relações raciais, autoestima, negritude e afins. No bairro Alto Vera Cruz, a E. M. Israel Pinheiro também desenvolve projetos voltados para a

[4] A prefeitura de Belo Horizonte divide-se em nove regionais administrativas.

consciência negra. Dentre os vários grupos culturais existentes no bairro, o *Meninas de Sinhá* é composto por senhoras negras que trabalham com o resgate das cantigas de roda. Por esses motivos foram escolhidos professores que atuam em escolas dessa regional como sujeitos da pesquisa. A necessidade da restrição também foi determinada pelas dificuldades de pesquisar todas as escolas públicas de Belo Horizonte no tempo exíguo da pesquisa.

Estão localizadas na regional Leste dezessete escolas municipais e trinta e uma escolas estaduais. Foi feita a opção por pesquisar os professores tanto das escolas municipais quanto das estaduais, por considerar importante ter uma visão mais ampla da rede pública de ensino de Belo Horizonte, no que se refere à questão das relações raciais na escola.

Na rede municipal de ensino, o Programa Escola Plural vem sendo o eixo das políticas pedagógicas desde 1995; no entanto, apesar de ter sido implantado há algum tempo, existem muitas polêmicas em torno das concepções da Escola Plural e da forma como foi implantada. Na rede estadual, as mudanças constantes de governo não têm possibilitado a continuidade de políticas educacionais, como acontece na rede municipal com a Escola Plural. A proposta da Escola Sagarana do governo passado não conseguiu efetivar-se em linhas mais sólidas.

Outro diferencial marcante entre as duas redes é a forma de contratação de professores. Enquanto na rede municipal os professores só ingressam na carreira através de concurso público, na rede estadual a contratação temporária de serviços no sistema de designação é o que ainda prevalece. Apesar de ter havido concurso público nessa rede recentemente, poucos docentes foram efetivados, pois diversos profissionais entraram com recurso jurídico que levou à anulação do concurso. É preciso deixar claro que essas distinções, apesar de não terem aparecido de forma evidente nas entrevistas com professores, impediram-me de ter acesso a alguns profissionais que se enquadravam no perfil dos possíveis entrevistados, uma vez que, expirando os contratos, esses professores perdiam o vínculo com a escola na qual atuavam quando foi feita a coleta de dados.

A partir da escolha da Regional e do levantamento das escolas nela existentes, foi feita uma pesquisa para se saber quais desenvolviam ou não projetos com o tema das relações raciais. A partir dessa pesquisa, foi realizado o seguinte agrupamento das dezessete escolas municipais e das trinta e uma estaduais:

- *Grupo um:* composto de seis escolas municipais e sete escolas estaduais que trabalhavam especificamente com o tema das relações raciais;
- *Grupo dois:* composto de quatro escolas municipais e sete escolas estaduais que trabalhavam transversalmente o tema;
- *Grupo três:* composto de cinco escolas municipais e quinze escolas estaduais que não trabalhavam com a temática;
- *Grupo quatro:* composto por uma escola municipal que já trabalhou o tema há pelo menos dois anos.
- *Finalmente*, uma escola municipal e duas estaduais não foram incluídas pela impossibilidade de se colherem as informações, por não serem encontradas pessoas que as pudessem fornecer e, ainda, por questões de tempo, de não ser possível retomar o contato.

Nesta pesquisa, diferentemente da anterior, em que se buscava identificar práticas pedagógicas com a questão racial, o interesse voltou-se para o conhecimento da experiência dos professores negros, na tentativa de se encontrarem pontos elucidativos que permitissem alcançar pessoas que tivessem percursos particulares, possibilitando trazer à tona as questões que se desejava investigar. Essas são questões às quais não é fácil se ter acesso pela dificuldade de se falar do tema, sempre dissimulado, dito de forma escorregadia ou padronizado em pensamentos oriundos de um universo envolto em ideologias.

A partir do agrupamento das escolas, descrito acima, foram selecionados os professores para entrevista, tendo como critério as seguintes orientações: homens e mulheres; pessoas negras que desenvolviam projetos ou atividades voltadas para o tema das relações raciais ou não; professores de escolas estaduais e municipais que atuassem na educação infantil, no ensino fundamental e médio e que se enquadrassem nos itens aqui já citados, visando garantir uma relativa heterogeneidade de sujeitos.

Foram entrevistadas sete professoras e um professor, de escolas estaduais e municipais. Dos professores entrevistados, sete se classificaram como negros ou pretos. O dado da autoclassificação foi colhido no primeiro momento de contato quando, por telefone, foi perguntado explicitamente como a pessoa se classificava, segundo as categorias do IBGE (pretas, pardas, amarelas, brancas e indígenas). Algumas pessoas com as quais conversei e que estavam à frente de projetos sobre a questão racial ou temas que possibilitavam essa abordagem se classificaram como pretas, pardas e negras em sua maioria e algumas como brancas. É importante ressaltar que, apesar de as categorias do IBGE não contemplarem a categoria negro, muitos professores identificaram-se dessa forma. Sete se classificaram como negros e uma como preta.

Apesar de todos se classificarem como negros ou pretos, é necessário dizer que a diversidade de aparência física entre eles é muito grande: pessoas com pele bem clara e outras com pele mais escura, cabelos crespos e cabelos mais lisos, formas variadas de pentear e tratar os cabelos, como trancinhas, alisamentos químicos e térmicos, além do estilo *rastafari*. Essa diversidade demonstra que não existe um único padrão de negro na concepção dos próprios afro-brasileiros.

As idades variavam de 24 a 50 anos. A maioria era solteira com formação em áreas diversas, como Química, História, Pedagogia, Letras, Comunicação Social. Portanto, todos possuíam formação superior, mesmo atuando nas séries iniciais do ensino fundamental e na educação infantil.

Quatro entrevistas foram feitas na residência dos professores por escolha dos mesmos; duas na escola em que trabalham e duas em outro local sugerido pelas entrevistadas, a saber, no Sindicato Único dos Trabalhadores em Educação – Sind-UTE, subsede da rede municipal de ensino de Belo Horizonte. Particularmente, as entrevistas realizadas nas residências colocaram-me diante de um universo mais amplo com relação às informações colhidas. Foi possível conversar com alguns dos familiares, ver álbuns de família e fotos do período de escolarização dos entrevistados. Houve, inclusive, a oportunidade de conversar sobre outros assuntos, o que permitiu maior aproximação com o informante.

Todas as entrevistas foram gravadas a partir de um roteiro previamente definido, tendo como eixo temático as relações raciais: percurso profissional, como se tornou professor/professora; a experiência escolar; a ida para a escola em que trabalha atualmente; a sua visão da instituição escolar; os projetos desenvolvidos na escola; o início do desenvolvimento de projetos sobre a questão racial; os tipos de projetos (atividades, materiais, dificuldades); a avaliação da receptividade dos alunos em relação ao projeto; a percepção expressa a respeito dos alunos negros; a avaliação dos impactos do projeto na escola e em sua vida; o que é ser professor negro na instituição escolar. Essa última questão era colocada de forma explícita ao final, como forma de suscitar uma reflexão mais pontual sobre o tema.

No caso dos professores que não desenvolviam projetos, algumas questões foram substituídas. Foi perguntado o porquê de não desenvolverem projetos voltados para a temática e o que era necessário para que isso acontecesse. Cabe salientar que as entrevistas não ficaram restritas ao roteiro. Outras questões foram surgindo à medida que se identificavam pontos importantes para a elucidação das questões investigadas.

No intuito de se captarem as diferentes circunstâncias vividas pelos professores em relação à questão racial, a escolha pela profissão docente e sua atuação pedagógica e política no interior das escolas, alguns elementos da História Oral no procedimento das entrevistas foram valiosos. Os depoimentos desses professores abrigam um universo de informações fundamentais para a compreensão de como se dão as relações raciais, não só nas instituições de ensino, como na própria sociedade brasileira.

De acordo com Meihy (1996, p.11), através da História Oral "algumas histórias pessoais ganham relevo à medida que expressam situações comuns aos grupos em que surgem aspectos importantes para o entendimento da sociedade mais ampla". A técnica utilizada foi a de entrevistas semiestruturadas, para resgatar partes da biografia dos professores, uma vez que se privilegiou a investigação sobre suas experiências a partir do tema das relações raciais.

Nas entrevistas, foi possível a aproximação de alguns aspectos da biografia dos professores, captando elementos da condição humana que, muitas vezes, não conseguimos apreender por outros caminhos. Os entrevistados compartilharam não só parte de sua história escolar e profissional, pontos de vista sobre educação e relações raciais, mas, principalmente, partilharam fragmentos de suas próprias vidas, fatos e sentimentos que estavam perdidos em suas lembranças e que a entrevista trouxera à tona. Diversos entrevistados disseram que a entrevista mexeu com coisas esquecidas, deixadas no adormecimento, não ditas. Thompson (1992, p.205) destaca o fato de que "a maioria das pessoas conserva algumas lembranças que, quando recuperadas, liberam sentimentos poderosos". Bourdieu (1998), por sua vez, chama a atenção para um aspecto particular da entrevista em que o entrevistado tem a oportunidade de refletir sobre sua própria vida no momento da entrevista e "realizar um trabalho de explicitação, gratificante e doloroso ao mesmo tempo, e para enunciar, às vezes com uma extraordinária intensidade expressiva, experiências e reflexões há muito reservadas ou reprimidas". (p.705)

O espaço da conversa, do depoimento do professor, abriu caminho para reflexões feitas no momento mesmo da entrevista, permitindo um novo encontro consigo mesmo, trazendo à tona novas compreensões de fatos não compreendidos no passado por diversos motivos. Desde a ausência de uma postura mais crítica das situações de discriminação vividas, até a recusa em aceitar a existência das mesmas. Não sem razão, duas professoras choraram ao relembrar determinados fatos, a emoção permeou alguns depoimentos; não foram compartilhadas apenas palavras, mas sentimentos.

A riqueza contida nas entrevistas

> *"A tradição oral africana me ensinou que o ensinamento se dá de boca perfumada a ouvidos dóceis e limpos. Por isso de macia cera moldei os meus ouvidos."* (Ronilda Ribeiro)

Enquanto pesquisadora, passei por momentos de reflexão sobre a responsabilidade com relação ao "material" que estava em minhas mãos, com a riqueza dos depoimentos, com os fragmentos de vida falados aos meus ouvidos. Confesso que tive medo de não corresponder à grandeza dos elementos trazidos pelas memórias das pessoas entrevistadas. Elementos permeados por um conjunto de lutas e sofrimentos e compromissos com a educação, de forma geral, e com a população negra, especificamente. Experiências e atuações marcadas por recuos, avanços, radicalidades, empolgações e persistência.

Exercitei a difícil arte da escuta, difícil pelo próprio ritmo de vida cheio de tantos "não tenho tempo". Difícil por estar acostumada a falar mais que ouvir, presa ao ofício de ser professora, com mais direito à palavra do que talvez deveria. E não pude deixar de me indignar diante de casos narrados de preconceito e discriminação racial sofridos pelos professores e seus alunos, fazendo-me recordar de minhas vivências de mulher negra professora; de mulher negra diretora, deparando-me com uma série de impedimentos para dar espaço a negros e negras na escola, nas diversas atividades realizadas cotidianamente.

Ao mergulhar nos depoimentos dos professores, senti que existe o poder da palavra, mas o poder da escuta é um privilégio. Escutar o que o outro diz, fazer parte, mesmo que por momentos, de uma vida que mistura passado e presente, ser tentada por análises psicológicas, por desejos de apoiar, de ajudar aquele que, em certos momentos, parece solicitar uma espécie de apoio, de confirmação de suas ideias e ações.

Estava diante de alguns desafios, o desafio de articular e entrelaçar tempos diferentes, memória mais atual, memória de infância e de juventude, estas nem tão distantes, dependendo dos impactos causados ou da forma como foram experienciadas. O desafio de entender momentos de silêncio diante de algumas perguntas, de coisas que não foram ditas por escolha ou caladas inconscientemente. Fragmentos, pedaços que talvez pudessem ajudar na compreensão mais abrangente do que me fora dito.

Silêncios e não-ditos tão comuns para nós que lidamos com o tema das relações raciais não só em termos acadêmicos, como através de nossa própria existência enquanto mulheres e homens negros. O silêncio que acomoda, que não cria conflito, que não radicaliza. O silêncio que privilegia alguns setores de nossa sociedade em detrimento de outros, o silêncio que em sua metamorfose se transforma em omissão. O silêncio que impede a efetivação de políticas públicas de combate ao racismo, o silêncio que aborta potencialidades humanas, o silêncio que coloca a nós, negras e negros, na condição de desumanos.

Silêncios que, também, podem significar uma forma de resistência à opressão racista e ao desmantelamento da cultura e tradição africanas. Nesse aspecto, parece-me fundamental a forma que, durante muito tempo, os adeptos das religiões afro-brasileiras encontraram para fugir da perseguição: o silenciamento de sua condição de pessoas do candomblé ou da umbanda. Silêncios esses que garantiram, em muitos casos, a existência dessas práticas religiosas, pois as mesmas eram legalmente proibidas. Atualmente, mesmo não sendo proibidas, as religiões afro-brasileiras são alvo do preconceito e diversas pessoas ainda silenciam o fato de pertencerem a elas. Tais posicionamentos podem refletir tanto o medo de ser discriminado quanto a preservação de seus valores religiosos e culturais. Sobre os silêncios, Thompson (1992, p. 204) dirá que "a lição importante a aprender é estar atento àquilo que não está sendo dito, e a considerar o que significam os silêncios. Os significados mais simples são provavelmente os mais convincentes".

A partir da leitura das entrevistas, foram selecionados para a análise aspectos que pudessem contribuir para uma melhor elucidação das questões apontadas para a pesquisa. As categorias temáticas foram: a experiência escolar; as vivências com a discriminação racial; o processo de tomada de consciência da existência da discriminação racial; a carreira docente; as relações na escola; as práticas pedagógicas e o contexto escolar de trabalho. Esses temas me permitiram uma maior aproximação dos elementos que pudessem reconstituir o percurso biográfico dos professores, suas vivências com a discriminação racial e formas de encarar essas situações tanto no passado como no presente.

Das oito entrevistas realizadas foram selecionadas cinco para serem analisadas por se apresentarem mais significativas para a temática, a partir da comparação por contrastes e recorrências. Essa delimitação também teve por base uma certa saturação da amostra pela recorrência de temas surgidos nos discursos dos entrevistados.

Quanto ao material das entrevistas, procurei fazer as análises dando atenção à especificidade de cada uma, como também busquei identificar pontos comuns. Não tratei nenhuma entrevista como um caso fechado em si. Procurei ver se na biografia dos professores havia percursos e contextos vividos que poderiam ter levado à forma como eram concebidas as relações raciais em suas vidas e em suas práticas pedagógicas, bem como o que propiciava a realização ou não de projetos sobre a temática nas escolas.

Com relação à importância dos percursos biográficos nos estudos sobre professores, Moita (2000) acredita que o recurso da história de vida é o mais indicado para perceber o processo dinâmico das interações que cada pessoa estabeleceu em sua vida. Apesar de Moita ter tido acesso a aspectos mais abrangentes da vida das professoras com as quais trabalhou, a forma como procedeu em suas análises me trouxe subsídios para pensar a forma de interpretar os dados empíricos surgidos das entrevistas com professores negros. Principalmente no que se refere à perspectiva metodológica adotada por ela, que se tornou rica para a análise que empreendi: como o papel do investigador de fazer emergir os sentidos que cada pessoa pode encontrar nas relações entre as várias dimensões da sua vida; o quadro de análise interpretativo das histórias de vida, elaborado de um modo coerente com o objeto de pesquisa e o *corpus* biográfico recolhido; a singularidade de cada história, de cada vida, de cada processo de formação.

CAPÍTULO 2

PROFESSORES NEGROS: A CONFIGURAÇÃO DE UM CAMPO DE ESTUDOS

Na formação de professores há várias questões de caráter político-pedagógico que não são tratadas com a devida importância. Podem-se citar algumas: a inclusão de crianças com deficiências, a sexualidade, a relação família-escola, as desigualdades sociais, as crianças em situação de risco e, duas que nos parecem fundamentais, a que diz respeito à educação das crianças e adolescentes negros e a relativa às relações raciais na escola.

Os estudos sobre professores negros juntamente com outros sobre relações raciais e educação, destacam a importância do professor como agente fundamental no processo de desconstrução do racismo. Nesses estudos, a responsabilidade dos educadores frente a construção de um currículo que contemple a diversidade é considerada imprescindível para a mudança de postura em relação ao alunado negro. É destacada, também, a importância da efetivação de políticas de formação, a fim de capacitar esses profissionais para essa tarefa.

Como vimos na Introdução deste trabalho, existem diversos estudos que têm analisado o cotidiano escolar, trazendo à tona uma série de complicadores com relação ao trato das questões raciais na escola. Esses estudos, em sua maioria, abordam a atuação de professores brancos e negros diante da temática das relações raciais, demonstrando que a maioria tem ideias distorcidas sobre os negros e sobre as relações raciais em nosso país. São destacados, principalmente, os silenciamentos e omissões presentes nas atitudes desses profissionais, uma vez que contribuem para agravar o quadro de discriminação racial a que os alunos negros estão sujeitos. Em alguns casos, o silenciamento significa a insegurança em abordar a temática e, também, pode representar a pouca importância atribuída à questão racial no Brasil. Para muitos professores, o preconceito e a discriminação não devem ser considerados como algo relevante nas relações existentes no cotidiano escolar. Algumas pesquisas revelam, inclusive, casos de extrema falta de sensibilidade para lidar com a violência racial que surge no dia-a-dia da escola.

Muitos desses estudos sobre relações raciais e educação atribuem tais posicionamentos a um processo de formação docente limitado e deficiente, no que diz respeito ao trato com a diversidade e as desigualdades raciais. No entanto, considero que não podemos nos fixar somente nesse aspecto do problema. Sem dúvida, a formação inicial e a continuada têm um papel fundamental na preparação profissional, mas julgo necessário compreender como os professores percebem as relações raciais e de que modo suas trajetórias pessoais podem estar relacionadas com essas formas de pensar a educação e a questão racial.

Compreendo, como Vieira (1999), que a forma como os professores se posicionam em sua prática profissional deriva, em larga medida, das experiências vividas, interpretadas e reelaboradas ao longo de suas existências e dos próprios contextos de formação pessoal e profissional. Talvez precisássemos aprofundar as concepções que fazem com que os professores não vejam com a devida seriedade a necessidade de intervenção nas situações de discriminação existentes no interior da escola, ou os fazem se sentirem incapacitados para tal. Ao mesmo tempo, é fundamental compreender o que move alguns professores ao trabalho com a temática, mesmo enfrentando uma série de dificuldades para empreendê-lo. Assim, tanto os estudos sobre os professores, de forma geral, e sobre os professores negros, no caso desta pesquisa, quanto os estudos de percursos biográficos de professores são fundamentais para as análises que empreenderei neste trabalho.

Os estudos sobre percursos de professores já vêm sendo utilizados por diversos pesquisadores, no intuito de compreender uma série de questões da educação. De acordo com Nóvoa (2000), as abordagens biográficas no campo científico são frutos de um movimento amplo que passou a valorizar o sujeito frente ao sistema, considerando suas vivências como aspecto fundamental na compreensão das relações sociais. No campo educacional as pesquisas que tomam como foco as experiências dos sujeitos, seus percursos e biografias, nascem do desejo de aproximar a produção do conhecimento do dia-a-dia dos professores. A princípio, esse tipo de abordagem tinha como objetivo principal subsidiar os processos de formação docente. Aos poucos, os objetivos se ampliaram na tentativa de compreender outras instâncias do processo educativo tendo como base o professor e suas vivências, a compreensão de práticas pedagógicas e as condições de exercício da profissão docente e dos impactos das políticas educacionais.

Estudiosos dessa área são unânimes em afirmar que o estudo da história de vida de professores traz grandes contribuições para subsidiar as reflexões a respeito da formação docente. Essa perspectiva pretende incorporar às concepções de formação o princípio de que a construção do professor enquanto pessoa é inseparável da construção do profissional. Para Moita (2000), a construção da pessoa enquanto tal é um processo de formação. Nesse sentido, o conceito de formação se amplia, considerando-se que não existem tempos e espaços determinados para a construção do professor e de sua pessoa. São tempos, espaços, contextos que se interconectam na produção de aprendizados fundamentais para a constituição desse sujeito. Afinal, "formar-se supõe troca, experiência, interações sociais, aprendizagens, um sem-fim de ralações sociais" (MOITA, 2000, p.115).

Em estudos sobre professores e os processos identitários desses profissionais, aquela pesquisadora trabalhou com a biografia de quatro professoras da educação infantil com o objetivo de compreender os espaços formativos de constituição de suas identidades pessoais e profissionais. Segundo essa autora, para entender como cada pessoa se formou é necessário encontrar relações entre as pluralidades que atravessou e atravessa sua vida. Ou seja, é preciso não perder de vista que as biografias dos professores, por sua diversidade, permitem apreender os vários percursos de formação e transformação.

Nessa linha de abordagem, considero que cada percurso dos professores negros representa uma forma singular de ver as relações raciais que é marcada, justamente, por suas vivências e pelos significados que eles atribuíram e atribuem a elas. Apesar de existirem muitos pontos em comum entre esses professores, cada um expressará uma concepção e uma atuação diferenciada. Algo comum é a vivência com a discriminação racial, característica peculiar aos que são vistos como diferentes e desiguais. Mas o enfrentamento dessas discriminações poderia compor um quadro de vários matizes.

Vieira (1999), em pesquisa de doutorado intitulada "História de vida e identidades: professores e interculturalidade", realizou um intenso estudo sobre biografias de professores e condições de formação de professores interculturais. De acordo com esse autor, os percursos dos professores e seus processos de socialização são mais formadores que a formação acadêmica, "estas atitudes interculturais resultam muito mais das experiências anteriores na e para além da escola, que constroem a identidade pessoal e profissional de cada um, e que vedam ou não em grande parte o acesso pessoal à mudança" (VIEIRA, 1999, p.23).

Acredito que tanto os processos formadores escolares quanto outros não-escolares são fundamentais na construção do professor enquanto pessoa e profissional. Em alguns casos, a formação acadêmica (seja pela convivência com seus pares, pelas informações recebidas, os conhecimentos produzidos, os intercâmbios feitos) pode gerar transformações na maneira de os professores encararem determinados tipos de temas e situações. Mas também concordo com Vieira que, para proceder a um processo de reelaboração de concepções e posturas, é necessário ter um perfil que acolha mudanças. Esse perfil é construído, sem dúvida, ao longo da existência das pessoas em espaços socializadores diversos como a família, a vizinhança, a escola, o espaço de atuação profissional, os movimentos sociais.

Nessa perspectiva, o que pode levar à existência de professores que realizam projetos antirracismo nas escolas e outros que não realizam? E como as explicações para essa questão podem lançar mão das mais diversas justificativas? Compreendo, assim como Vieira (1999) e Moita (2000), que são os percursos, os contextos e a forma como cada um vivenciou sua trajetória que poderão trazer luz para o entendimento de questões dessa natureza. Principalmente, porque a temática das relações raciais ainda é praticamente ausente nos cursos de formação de professores de forma geral, e, portanto, a formação acadêmica não seria suficiente para ajudar na compreensão das questões a que me propus investigar.

A visão de Vieira, que considera a diversidade inclusive na investigação que realiza com professores portugueses, levou-me a tomar como possibilidade o fato de não existir um pensamento único sobre as relações raciais entre os professores, de forma geral, e entre os professores negros, de forma especial. Nesse sentido, é importante pensar na diversidade de vivências e experiências ao longo da vida; dos contatos com a discriminação e das múltiplas possibilidades de reagir a ela; das oportunidades de refletir sobre as relações raciais de variadas formas, influenciadas por uma gama de contextos e atores. Reitero, mais uma vez, a importância de tomar a singularidade dos percursos biográficos de cada professor para tornar possível uma visão mais ampla a respeito dos professores negros.

Os estudos sobre professores negros e, sobretudo sobre professoras negras no Brasil, vêm conquistando alguns espaços na produção teórica educacional das universidades, constituindo-se como um campo de estudos sobre a temática racial e educação. Isso é fruto de uma longa caminhada, principalmente das organizações negras, no sentido de dar visibilidade à questão racial no País.

O Movimento Negro já vem alertando há muito tempo que a escola é um dos espaços sociais em que a discriminação racial se dissemina das mais variadas formas, dos materiais didáticos às atitudes preconceituosas de professores e alunos. No encontro de entidades negras da região nordeste, realizado no início de 1980, o tema central foi a educação dos negros. Já nesse encontro, foi feita uma série de denúncias a respeito da escola como produtora e reprodutora do racismo. Em 1987, algumas entidades do Movimento

Negro organizado entregaram ao Ministério da Educação um protocolo de intenções pleiteando a revisão dos livros didáticos com o objetivo de reverter os preconceitos e estereótipos veiculados por esses materiais, além de apontar como fundamental a inclusão de conteúdos sobre a história e cultura dos afro-brasileiros numa perspectiva não eurocêntrica, bem como a preparação dos professores para abordarem o tema nas escolas.

Pouco a pouco, o próprio Movimento Negro passou a assumir uma série de compromissos e atividades destinados não só a fazer denúncias sobre essa questão, mas a promover ações efetivas para a produção de material didático e, principalmente, à capacitação de professores. Foram e têm sido muitos os seminários, congressos, cursos e simpósios voltados para esse fim. Também os centros de estudos e pesquisas e universidades, alguns mais, outros menos, passaram a incorporar a temática racial em linhas de pesquisa e em congressos acadêmicos devido, inclusive, à presença, nessas instituições, de professores negros e outros sensíveis à questão.

Como exemplo da crescente presença de estudos sobre relações raciais e educação e, no interior desses, as pesquisas sobre professores negros, recentemente foi criado na ANPED – Associação Nacional de Pós-Graduação e Pesquisa em Educação – o Grupo de Trabalho Afro-Brasileiro e Educação. Em 2002, foram apresentados diversos trabalhos com a temática da educação dos afro-brasileiros e três estudos sobre professores negros especificamente[5]. Também em 2003, já como grupo de trabalho, foram apresentadas inúmeras pesquisas sobre a temática racial e educação.

Em uma breve pesquisa bibliográfica, identifiquei diversos estudos sobre professores negros. A maioria enfoca as professoras negras por serem, talvez, as mulheres a grande maioria no magistério, principalmente, até o ensino médio. Rosemberg traz dados esclarecedores a respeito:

---

[5] Jesus (2002), Shussler (2002), Santos (2002).

> O sistema de ensino continua sendo uma ocupação feminina: sejam professoras, funcionárias ou especialistas, as mulheres representam mais de 80% da força de trabalho em educação. O magistério continua sendo um dos principais nichos de inserção das mulheres no mercado de trabalho. *(ROSEMBERG, 2001, p.182).*

Ainda de acordo com essa autora, em 1991, as mulheres eram 85,4% do total de profissionais do magistério, sendo a esmagadora maioria do ensino pré-escolar ao médio. No ensino superior, a presença fica quase meio a meio com relação aos homens. Mas essa marcante presença feminina no magistério não conseguiu romper com algumas desigualdades: é maior o número de professores com ensino superior e, consequentemente, eles têm salários mais altos que as professoras.

A seguir, serão apresentadas algumas pesquisas que trabalharam com professoras negras. Esses estudos apontam questões relevantes para o entendimento, tanto da presença do segmento negro na educação quanto para a presença das mulheres negras no magistério. A maioria dos estudos enfoca os percursos biográficos e as experiências de professoras e professores negros inseridos no ensino fundamental e superior. Revelam as dificuldades enfrentadas pelas profissionais da educação, apontam para uma possível mudança de *status* social a partir do ingresso na carreira do magistério e as situações de racismo vivenciadas por essas profissionais.

Gomes (1995), em seu livro *A mulher negra que vi de perto*[6], foi pioneira ao estudar a trajetória escolar de professoras negras de uma escola pública de Belo Horizonte. Analisou como o contexto escolar vivenciado por essas profissionais contribuiu para a reprodução do preconceito e da discriminação racial e de gênero em suas práticas pedagógicas. Avaliou o quanto teorias racistas;

---

[6] Esse livro resultou da dissertação de mestrado defendida em 1994 com o título: Trajetória escolar de professoras negras e sua incidência na construção da identidade racial: um estudo de caso em uma escola municipal de Belo Horizonte.

formuladas nos séculos XIX e XX, ainda influenciam as formas de pensar as relações raciais no Brasil e fazem parte do imaginário dessas professoras negras. Para Gomes, diversos contextos como a família, o círculo de amizade e a militância política exercem influências na constituição da identidade da mulher negra na nossa sociedade.

Naquela pesquisa, são recorrentes as narrativas que trazem à tona preconceitos e discriminações vividos pelas professoras e como essas vivências não são consideradas como algo "importante" para essas profissionais que, muitas vezes, procuram dar outro tom às discriminações sofridas, demonstrando o quanto é difícil reconhecerem-se como alvo do racismo. Ancoradas em pensamentos que desconsideram o racismo como produtor de desigualdades sociais, as professoras entrevistadas por Gomes trazem para sua prática pedagógica uma série de preconceitos e estereótipos negativos, relativos aos negros de forma geral.

Os percursos biográficos por mim analisados também evidenciaram esse caráter de dificuldade por parte de algumas professoras frente às discriminações sofridas, como se elas não fossem atingidas por seus efeitos. Também foram relatadas visões preconceituosas de alunos negros com relação à professora também negra. Talvez, pelo fato de, na pesquisa por mim realizada, ter selecionado professores que, em sua maioria, desenvolvem projetos voltados para a questão racial, as dificuldades em relatar os preconceitos sofridos não foram tantas quanto nos relatos analisados por Gomes, que não se voltou para esse aspecto.

Essa autora considera que a forma como essas professoras lidam com a temática das relações raciais na escola, marcada pelo ocultamento e pelo silêncio, reflete o despreparo a que a maioria dos educadores está sujeita com relação à questão racial. Mas o problema não se limita a isso. Para as professoras negras, em especial, tratar desse tema em sala de aula constitui-se em um desafio e uma dificuldade que está associada a sua história de vida e "às marcas deixadas pelas experiências com o racismo e a discriminação" (GOMES, 1995, p.188). A autora nos mostra o quanto é difícil para a mulher negra romper com o lugar de subalternidade reservado aos afro-brasileiros. Ao tornarem-se professoras, Gomes considera que essas mulheres romperam com essa subalternidade, ocupando um espaço que, embora não tão possuidor de *status* social, ainda é um espaço no qual a maioria da população negra no Brasil não está incluída.

Sendo aquela pesquisa uma das primeiras sobre professoras negras, representa um marco para muitos outros pesquisadores, que a tomam como referência. Na verdade, o estudo de Gomes revelou que não é pelo fato de serem negras que as professoras tinham bem elaborada sua identidade étnico-racial ou possuíam um posicionamento positivo frente à cultura negra e aos negros de forma geral. As mulheres negras pesquisadas por Gomes apresentaram visões e comportamentos semelhantes aos da maioria dos brasileiros, formados e envoltos no mito da democracia racial e no racismo ambíguo presente em nossa sociedade.

Em sua tese de doutorado, *Mulheres caladas: trajetórias escolares de professoras negras em Pelotas,* Silva (2000) buscou perceber, a partir de depoimentos de professoras negras sobre suas trajetórias escolares, as representações que deles emergiam. A pesquisadora elencou como objetivos: captar as representações presentes no cotidiano escolar; perceber como essas representações produzem/reproduzem novas/velhas práticas; colaborar para desmistificar as representações naturalizadas; e apontar para a possibilidade de construção de uma escola não-racista e de relações sociais mais justas.

A autora destaca a frase de uma professora entrevistada, *"ser professora para não passar a vida na vassoura"*, para exemplificar uma das representações presente na maioria das narrativas: "*ser professora é uma forma de melhorar de vida*" (SILVA, 2000, p. 10). Partindo dessa representação e tendo como suporte a teoria das representações, Silva refletiu sobre a produção e circulação das representações sobre o negro na sociedade brasileira e seus reflexos no cotidiano escolar. Para a autora, as professoras negras de Pelotas compreendem que ser professora significa sair, "escapar" do lugar social historicamente atribuído às mulheres negras, além de significar o esforço dos negros na superação de processos discriminatórios.

Na pesquisa por mim realizada, pude constatar que para algumas pessoas o magistério era a possibilidade de não se tornar doméstica, ou a garantia de ter o ensino médio e, ainda, o magistério aparece como uma escolha não muito bem pensada. Apesar disso, a profissão de professor traz um diferencial socioeconômico em relação à maioria da população negra no Brasil.

Outro estudo, que se situa na área de História da Educação, é o de Santos (2001) que pesquisa a inserção da mulher negra, que a autora nomeia *não branca*, no magistério primário no momento em que se abrem turmas no período noturno nos institutos de educação. A partir de análise documental e de entrevistas, a autora se deparou com histórias semelhantes às relatadas por Gomes. Vivências com o preconceito e a negação da identidade negra foram apontadas como formas de se aproximarem do ideal da "professorinha de azul e branco", que representava verdadeiro símbolo da nacionalidade brasileira, idealizada conforme os padrões de cultura, estética e comportamento dos brancos. Aproximando-se desse padrão, as professoras negras estudadas por Santos afastaram-se de suas identidades étnico-raciais, confirmando o quanto o negro, para ser aceito, ainda tem que abrir mão de sua identidade e, muitas vezes, de si mesmo. Para essa autora, assim como para Gomes, a presença de mulheres negras no magistério significa o rompimento de diversas barreiras impostas aos negros no Brasil, principalmente, nos campos educacional e profissional.

Santos utiliza o termo *não branca*, pois as mulheres negras por ela entrevistadas encontraram dificuldades em se identificarem como negras. Essas professoras se classificaram com uma série de expressões para dizerem sua cor o que nos permite inferir que tiveram sérios problemas com sua identidade negra. Talvez, como Santos chama a atenção, essa tenha sido uma forma de serem aceitas no mundo dos brancos e corresponderem aos padrões estéticos do símbolo de professora que imperou durante muitos anos na educação.

O professor e as professoras por mim entrevistadas, contrariamente àquelas, se classificaram como negros, mesmo os de tom de pele mais claro. No entanto, pode-se dizer que as semelhanças com os estudos de Santos referem-se às experiências com a discriminação que aquelas professoras vão vivenciar. Independente de se acharem, ou não, negras, o racismo estará manifesto em suas vidas, pois, para os que compartilham do ideal branco de beleza e humanidade, o que não é branco não tem o mesmo valor.

Assumindo um posicionamento diferenciado de algumas autoras aqui apresentadas, Silva (2003), ao pesquisar a trajetória de vida de professoras negras da cidade de Araraquara, questiona se realmente as mulheres negras ao ingressarem na carreira do magistério conseguiram sair da posição social atribuída ao negro. Para Silva, essas profissionais continuam expostas "às imagens estereotipadas, que assumem a 'raça' como verdadeiro estigma, como 'cicatriz' fixada no corpo, que é visível por meio de características físicas, especificamente, pela cor da pele, tida como sinônimo de inferioridade, incapacidade e depreciação social" (SILVA, 2003, p.31-32). A autora não desconsidera que as professoras negras, ao assumirem a docência, não tenham fugido do "destino" traçado para milhões de afro-brasileiros, mas aponta como fundamental investigar as trajetórias dessas mulheres para constatar que, apesar do novo lugar que ocupam, continuam sendo vítimas do preconceito e da discriminação.

O estudo de Silva aproxima-se da pesquisa que realizei, uma vez que, também, está interessada na experiência de vida das professoras negras e na incidência dessa experiência nas práticas pedagógicas. No entanto, Silva assume uma postura de análise que acaba por desconsiderar a diversidade presente nos percursos das professoras e que possibilitou diferentes formas de compreender as relações raciais. Ela desconsidera o esforço empreendido por algumas professoras no sentido de levar a discussão sobre as relações raciais para as escolas em que trabalhavam. Aliado a isso, atribui um peso ao trabalho dessas professoras que, além de terem que enfrentar a discriminação racial quotidianamente, teriam que primar pela qualidade de um trabalho com um tema tão difícil de ser abordado. Vejamos:

> *Embora Nazaré tenha sido a única, entre as outras duas professoras, a demonstrar uma tendência a criar contextos mais reflexivos em sua atuação profissional, especificamente ao elaborar uma prática questionadora das concepções racistas existentes na sociedade brasileira e, em especial, nas escolas de Araraquara, ela, até então, não refletia, de maneira sistemática, investigativa e interpretativa, assim como idealizou Vieira (1999), sobre sua prática pedagógica com a temática racial, tendo como referência sua trajetória de vida.* (SILVA, 2003, p.161)

As considerações feitas por Silva demonstram o quanto ela própria está envolta nesse ideal de professor reflexivo, investigativo, adotando uma postura normativa com relação às professoras e esquecendo-se de considerar que a experiência das pessoas é mais multifacetada. Confrontar-se com sofrimentos, ressentimentos, humilhações, negações de si mesmo não é tarefa fácil para nenhuma pessoa, muito menos para aqueles vindos de grupos estigmatizados há séculos.

Por último, Ribeiro (2001), em tese de doutorado, analisou a formação e a vida profissional de professores universitários de instituições públicas de São Paulo. Ribeiro constatou que o último ingresso maciço de afro-descendentes na docência da universidade pública paulista ocorreu nos anos 80. A partir de então, o número de professores negros nas instituições de ensino superior praticamente não aumentou. Para a pesquisadora, o motivo é a diminuição da qualidade no ensino público, pois, para a autora, professores que entraram na vida acadêmica há vinte anos tiveram melhor formação. O objetivo da pesquisa foi mostrar quais foram as oportunidades e como esses professores chegaram à carreira acadêmica.

Os professores entrevistados contaram sua vida escolar e profissional à pesquisadora. Dos dezessete entrevistados, quinze estudaram em escolas públicas de alta qualidade. A maior parte deles manteve um bom desempenho, apesar das dificuldades financeiras pelas quais muitos passaram. De acordo com Ribeiro, os professores entrevistados tinham uma formação muito boa. Muitos deles estudaram na Europa, onde fizeram o doutorado ou o pós-doutorado. Vários deles entendem, inclusive, que sua competência pode ser uma estratégia para evitar a discriminação racial no ambiente de trabalho. Para Ribeiro, há uma sutileza entre o que é manifestação racista e o que é competição profissional. A pesquisadora percebeu também que, para aliviar o preconceito, alguns professores adotaram o casamento com brancas como passaporte de aceitação. Já as mulheres negras com atividades acadêmicas ou permanecem solteiras ou se casam com homens com um capital intelectual inferior ao delas, pois, segundo os entrevistados, o homem negro afirma não haver mulheres negras nos espaços que frequenta, conclui Ribeiro.

Esses estudos revelaram-se fundamentais para as análises por mim empreendidas durante esta pesquisa. Em alguns momentos, aproximar-me-ei das análises realizadas por essas pesquisadoras e, em outros, em função de meus próprios dados, procurarei incorporar "novas" visões sobre o significado das trajetórias dos professores, sujeitos desta pesquisa. As semelhanças existentes entre as trajetórias de professoras negras, apesar da diversidade de abordagens realizadas nas pesquisas das autoras citadas, revelam a necessidade de maiores investimentos nos processos de escolarização da população negra deste país.

Todos os estudos aqui apresentados revelaram a marcante presença da discriminação racial tanto na trajetória escolar quanto profissional das professoras negras, independente da localidade ou época pesquisada. Se associarmos as constatações dessas pesquisas com dados relativos à presença do negro no mercado de trabalho, veremos que a maioria dos afro-brasileiros continua ocupando posições com baixa remuneração e baixa qualificação profissional. Portanto, apesar da crescente presença de negros no magistério, esse contingente ainda é pouco expressivo se comparado aos brancos. As desigualdades verificadas no acesso às oportunidades educacionais repercutirão nas desigualdades presentes, também, no mercado de trabalho para amplos setores da população negra. No entanto, os percursos biográficos elucidados pelas pesquisas aqui apresentadas demonstram que, para muitas professoras, a profissão docente representa uma forma de ascensão social se comparada à situação do negro brasileiro no mercado de trabalho. A maioria ocupa funções que exigem pouca qualificação profissional, pouca ou nenhuma escolaridade e com salários baixíssimos.

Capítulo 3

Percursos de formação e transformação

> *"No ano de 1925, as escolas admitiam as alunas negras. Mas, quando as alunas negras voltavam das escolas, estavam chorando. Dizendo que não queriam voltar à escola porque os brancos falavam que os negros eram fedidos."*
>
> Carolina de Jesus

Essa passagem do livro de Carolina de Jesus (1986), escritora brasileira pouco reconhecida no Brasil, retrata a forma como os negros foram tratados historicamente na escola: de maneira hostil e desumanizadora. Apesar de estarmos distantes muitos anos da infância de Bitita, personagem desse livro, que sofre discriminação, nossas crianças negras ainda continuam sendo alvo de estranhamento por parte dos que acreditam em um único padrão de humanidade e de cultura. Apelidos, xingamentos, maus-tratos são comuns na vida de alunas e alunos negros em muitas escolas brasileiras. As experiências escolares dos professores desta pesquisa vão demonstrar que ainda estamos longe de reverter o quadro de desigualdade e desrespeito aos afro-brasileiros presente no universo escolar.

Neste capítulo, analiso o percurso biográfico de quatro professoras e um professor, cujas entrevistas foram selecionadas dentre as oito realizadas, focalizando sua experiência escolar; as vivências com a discriminação racial e seus desdobramentos na vida dos professores; os espaços e situações de formação das concepções sobre as relações raciais; a escolha pelo magistério e a atuação profissional. A partir desses aspectos, pretende-se encontrar pontos de convergências entre as experiências analisadas no intuito de compreender que representações os professores constroem sobre as relações raciais, na forma como foram vividas e seus desdobramentos em sua prática pedagógica.

Pelos relatos dos professores, observou-se que existem pontos comuns com relação às biografias e pontos que são singulares. Todos enfrentaram dificuldades em dar continuidade aos estudos, uns mais, outros menos, e essa interrupção foi causada por problemas financeiras ou por falta de motivação. As singularidades estão expressas na forma como cada um vivenciou e reagiu ao preconceito e à discriminação racial e como se deram os processos através dos quais, gradativamente, chegaram a perceber a condição do negro no Brasil.

Com vistas a situar o leitor nas análises que virão em seguida, será apresentado um breve perfil desses professores, aqui representados com nomes fictícios. Os pseudônimos escolhidos são uma homenagem a personalidades fundamentais na história do povo negro do Brasil[7]. Não tive a pretensão de escolher os nomes pelas coincidências de biografias, e sim resgatar personagens negros, para muitos desconhecidos devido a pouca atenção dada à memória e história dos negros brasileiros.

• Professora Maria Brandão dos Reis

A professora Maria, 40 anos, é solteira, não tem filhos e nasceu em Belo Horizonte. É filha de pai negro e mãe branca; o pai professor, a mãe dona de casa e semianalfabeta. Ao falar do casamento inter-racial de seus pais, Maria associa o fato de seu pai ter casado com uma mulher branca por ser o único da família com curso superior. Os seus tios paternos todos se casaram com mulheres

---

[7] Ver, ao final do livro, a biografia desses personagens.

negras. Considera que as opções feitas por seu pai refletem a sua posição social de homem negro, com estudos e profissão. Ao falar o porquê de sua escolha pelo magistério, em nenhum momento a professora se referiu à profissão de seu pai.

Maria estudou em escolas públicas até o ensino médio. Antes de fazer o magistério, iniciou o curso técnico de eletrônica. Como seu pai era professor, conseguiu uma bolsa de estudos em uma escola particular. As dificuldades materiais de se manter numa escola particular, mesmo com bolsa, aliadas ao fato de ser a única mulher e pobre na classe, fizeram-na desistir do curso. Esse fato foi bastante criticado por seu pai que julgou que Maria havia desperdiçado uma grande oportunidade. A professora fez magistério no Instituto de Educação e História na antiga FAFI-BH (Faculdade de Filosofia de Belo Horizonte), hoje UNI-BH. Antes de ingressar na faculdade, prestou concurso na Prefeitura Municipal de Belo Horizonte, tornando-se professora da rede municipal de ensino no ano de 1984 e teve, assim, que conciliar o trabalho em dois turnos com os estudos.

Participou de grupos de jovens ligados à Igreja Católica, na adolescência, e de organizações indigenistas, no final da década de 80 e início da década de 90. O trabalho nessas instituições foi realizado tanto em Belo Horizonte quanto em estados do Centro-Oeste e Norte do País. Passou por organizações do Movimento Negro, mas não permaneceu. Retornou a Belo Horizonte no ano de 1993, prestou novo concurso para professora de História na rede municipal, foi aprovada e classificada em sexto lugar, reassumindo o trabalho em uma escola da regional Leste, transferindo-se, depois, para Venda Nova. Atritos com o corpo docente da escola, por questões políticas, pedagógicas e pessoais, fizeram-na transferir-se novamente para duas escolas da regional Leste. Em uma das escolas atuou no terceiro ciclo de formação, no período diurno, e na outra trabalhou com turmas de Educação de Jovens e Adultos (EJA), no período noturno, lecionando História. Na primeira escola afirmou ter conseguido realizar um trabalho mais efetivo com a questão racial. Na segunda, isso não aconteceu, pois, segundo Maria, o descompromisso dos professores com a educação, de forma geral, além de uma postura preconceituosa, impossibilitava o trabalho.

• Professora Carolina de Jesus

A professora Carolina, 48 anos, é casada, tem um filho. Seus pais eram negros, sendo sua mãe um pouco mais clara que seu pai, segundo descrição de Carolina. Mãe lavadeira e pai pedreiro e analfabeto. De acordo com a professora, um dos motivos que a levou a seguir a carreira do magistério foi o desejo de ensinar seu pai a ler e a escrever, fato que não se concretizou, pois ele morreu antes de ela concluir o curso. Tem doze irmãos, a maioria de suas irmãs foi ou é doméstica.

Carolina cursou o primário em escola estadual de Belo Horizonte e teve dificuldades em concluí-lo, pois demorou a aprender a ler e foi reprovada. Aos 10 anos, transferiu-se para o noturno, fez curso de admissão e, em seguida, um teste de seleção em uma escola particular para ingressar no antigo ginásio. Teve que trabalhar como caixa de um açougue para prosseguir nos estudos. Foi para outra escola particular com bolsa de estudos, terminou o ginásio, mas não quis continuar ali porque não queria fazer contabilidade, única opção de ensino médio naquela instituição. Carolina queria fazer o magistério e transferiu-se para outra escola particular. Ao terminar o magistério começou a dar aulas particulares em sua casa porque teve dificuldades em conseguir trabalho na rede estadual. Após um tempo conseguiu um contrato na rede estadual, trabalhando em várias escolas, ora como supervisora, ora como regente, durante dezenove anos, sem conseguir se efetivar.

Após cinco anos sem estudar, prestou o vestibular na Universidade Federal de Minas Gerais, foi aprovada e cursou Pedagogia na modalidade de licenciatura curta. Atualmente, Carolina leciona como professora contratada em uma escola de educação infantil da rede estadual de ensino e trabalha com uma turma de segundo período (crianças com idade de cinco anos). Ocupa também o cargo de Auxiliar de Secretaria em escola da prefeitura.

O fato de possuir apenas a licenciatura curta tem trazido dificuldades para Carolina conseguir uma colocação melhor na rede estadual. Como regente em turma de educação infantil, recebe salário inferior ao dos outros profissionais que atuam nas séries iniciais do ensino fundamental. A professora não desenvolve nem desenvolveu projetos com a temática racial nas escolas em que trabalha.

• Professora Antonieta de Barros

A professora Antonieta, 39 anos, é solteira, não tem filhos e é natural de uma cidade do interior de Minas Gerais. Seus pais são negros. A mãe, com dois anos de escolarização, era dona de casa; e o pai, atualmente aposentado, nunca ingressou na escola. Tem dez irmãos com diversas profissões, como mecânico, serralheiro, enfermeira, motorista. Antonieta cursou o primário em escola pública no interior, com uma reprovação. Aos doze anos veio morar em Belo Horizonte para "tentar melhorar de vida", segundo suas palavras. Como já havia passado o processo para conseguir vaga nas escolas públicas da capital, fez a quinta série em uma escola particular. No ano seguinte, fez o teste de seleção em uma escola estadual da regional Leste, conhecida na época como Polivalente, onde concluiu o ensino fundamental.

Prosseguiu nos estudos incentivada por seus familiares, decidindo-se pelo magistério, que cursou no Instituto de Educação de Minas Gerais mais por insistência da família do que por vontade própria. Nesse período em que fazia o magistério, trabalhava como estagiária em uma instituição bancária, pelo programa de empregabilidade para alunos do ensino médio de escolas públicas. Ao terminar o magistério, foi trabalhar numa empresa de catálogos telefônicos por indicação de um amigo de sua irmã. Na mesma época, prestou vestibular para História na FAFI-BH, iniciando seu curso superior nessa instituição. As dificuldades em conseguir crédito educativo e a necessidade de ajudar a família financeiramente fizeram com que Antonieta abandonasse a faculdade.

Logo em seguida, mais uma vez por incentivo de familiares e amigos, fez concurso para professora na rede municipal de ensino de Belo Horizonte. Assumiu o cargo de professora em 1986, em uma escola da regional Venda Nova, atuando como regente em turmas de séries iniciais do ensino fundamental.

Em 1987, tentou vestibular na mesma faculdade, dessa vez, para Comunicação Social, pois queria ter outras alternativas ao magistério, apesar de estar gostando muito de ser professora. Cursou a faculdade de comunicação já com menos dificuldades financeiras.

Em 1992, foi eleita vice-diretora da escola em que ingressara em 1986, permanecendo na função de 1993 a 1996. Nessa escola, a partir do segundo ano de sua entrada já desenvolvia projetos voltados para a questão racial. No cargo de direção realizou diversas ações e projetos destinados a dar maior visibilidade à cultura negra na escola, trabalhando na perspectiva de aumentar a autoestima das crianças.

Terminado o mandato de vice-diretora, Antonieta decidiu transferir-se de escola, uma vez que residia na região Leste e queria ter novas experiências em outras escolas. Foi para uma das escolas da regional Leste e aí permaneceu somente por um ano, por motivos políticos, pedagógicos e questões referentes à forma como a escola lidava com as relações raciais. Transferiu-se de escola e foi para uma situada numa das maiores favelas de Belo Horizonte, trabalhando no ensino noturno com EJA. Em seguida, foi para a direção do Sind-UTE, mas saiu um ano antes de terminar seu mandato.

Participou do processo de seleção para atuar no Curso de Formação dos Educadores da Infância – CFEI, ligado ao CAPE – Centro de Aperfeiçoamento dos Profissionais da Educação da rede municipal de ensino de Belo Horizonte e aí trabalhou durante dois anos e retornou a sua escola de origem, na regional Leste. Em sua trajetória, teve contato com organizações e pessoas do Movimento Negro, embora nunca tenha se filiado a organizações dessa natureza.

• Professora Luíza Mahin

A professora Luíza, 50 anos, é solteira, não tem filhos e é natural de Belo Horizonte. Filha de pai bancário e mãe dona de casa, ambos negros. Tem seis irmãos, desses, apenas um não tem curso superior.

Sempre estudou em escolas públicas, do ensino fundamental ao superior. Fez o científico no Colégio Municipal e cursou Química na UFMG; foi reprovada uma vez no ensino fundamental. A professora começou a trabalhar quando estava cursando o ensino médio. Quando estava na faculdade, começou a dar aulas de Química em uma escola particular na região de Venda Nova. Desentendimentos com a direção a fizeram sair do emprego. Depois de terminar o curso universitário, tentou emprego como química em empresas particulares tendo sido barrada, de acordo com Luíza, por ser negra.

Assumiu cargo de professora no ensino médio em escola estadual na regional Leste, como contratada, efetivando-se através de concurso público, anos depois. Nessa escola trabalha com prática de laboratório de Química e há dezenove anos realiza um projeto intitulado *ECOFETEC – Feira de Ecologia e Cidadania*, no qual os alunos escolhem, a partir de uma listagem elaborada pelos professores, temas de seu interesse, geralmente voltados para questões do meio ambiente. Esse trabalho já foi premiado e indicado pelo MEC como uma experiência aplicável em outras escolas de ensino médio. Ela fala desse projeto com muito orgulho e empolgação. A professora também trabalha na rede municipal de ensino, só que, atualmente, exerce a função de tesoureira. Por motivos de saúde não atua mais na regência.

Há cinco anos, trabalhou em outra escola particular na regional Noroeste, mas decidiu sair porque julgou que estava sendo prejudicada, suas aulas eram colocadas sempre nos últimos horários do noturno, além da constante vigilância feita por parte da direção com relação ao trabalho dos professores. Enfatizou que não tem vontade de trabalhar novamente em escolas particulares, aquela "teria sido a segunda e última vez".

A professora Luíza não desenvolve trabalhos voltados para a temática das relações raciais. Porém, nas duas escolas em que trabalha, existem algumas ações por parte de determinados professores que desenvolvem o tema na sala de aula. Luíza atua, ainda, como catequista em Igreja Católica próxima a sua casa.

• Professor Luiz Gama

O professor Luiz, 32 anos, é natural de São Paulo, é casado e tem dois filhos. Filho de pais negros, seu pai foi coordenador de cursos do SENAC (Serviço Nacional do Comércio) e sua mãe possuía uma pequena empresa de confecção. Essa ocupações davam a sua família uma condição econômica boa, de acordo com ele. Luiz frequentou escolas públicas até o ensino médio. Fez curso pré-vestibular em um dos estabelecimentos mais caros de São Paulo, de acordo com suas palavras, e ingressou na faculdade de medicina em Vassouras, Rio de Janeiro, no ano de 1989.

Devido às dificuldades financeiras enfrentadas por sua família, a partir do governo Collor, uma série de empecilhos o impediram de se manter na faculdade privada. Tentou crédito educativo e bolsa de estudos, e, sem sucesso, abandonou o curso de medicina, retornou para São Paulo e decidiu trabalhar de lavador de carros num lavajato montado por seu pai. Esse foi o seu primeiro emprego. Prestou vestibular para Química em uma instituição privada e iniciou seus estudos na faculdade no período noturno.

Antes de terminar a faculdade, começou a dar aulas em uma escola pública e filiou-se ao sindicato dos professores. Nesse período, começou a ter contato com pessoas e organizações do Movimento Negro como MNU – Movimento Negro Unificado e APN's – Agentes Pastorais Negros. Não ficou no MNU por considerar a postura da organização muito radical. Com relação aos APN's, apenas conviveu com uma pessoa ligada a esse grupo, mas não fez parte do mesmo. Ele deu continuidade a sua militância com a questão racial no sindicato dos professores. Participou de diversos congressos locais e nacionais, em um dos quais conheceu sua atual companheira, e decidiu vir para Belo Horizonte em 1997.

Começou a lecionar em escolas estaduais da capital mineira como contratado, atuando no ensino médio. Fez o curso de especialização em educação no CECIMIG (Centro de Ensino de Ciências Matemáticas) da UFMG. Em 2001, prestou concurso no estado para professor de Química e foi convocado para trabalhar em escolas da rede estadual. Possui dois cargos nessa rede, distribuídos em duas escolas da regional Leste. A escolha deveu-se ao fato essas escolas serem próximas de sua residência e também por situarem-se em uma região onde existe um grande contingente de população negra.

O professor Luiz faz parte de uma organização local do Movimento Negro, além de integrar a CONEN – Coordenação Nacional das Entidades Negras e o Fórum Estadual de Entidades Negras Zumbi dos Palmares. Nas duas escolas em que trabalha, aborda a questão racial em suas aulas, além de propor e realizar projetos que, algumas vezes, atingem um número maior de alunos, mas isso somente em uma das escolas, na outra, segundo Luiz, não encontra muito espaço para esse tipo de trabalho.

Criou em 2002, juntamente com outros professores das escolas em que trabalha, um grupo de estudos interdisciplinares que tem como objetivo preparar os alunos para o vestibular e trabalhar com formação política dos mesmos, dando preferência para alunos negros.

Experiências escolares e contextos político-sociais

As experiências escolares das quatro professoras e do professor, como foi visto, são marcadas por situações que geram interrupções em seus processos de escolarização. Essas situações vão desde as dificuldades financeiras enfrentadas por todas as famílias, até a vivência com o preconceito e a discriminação racial. A forma como essas experiências são vivenciadas exercem influências em suas vidas pessoais e profissionais; determinam "escolhas", "opções" e posicionamentos e retratam parte da realidade vivida pela maioria da população negra, no que diz respeito ao seu acesso e permanência nas instituições de ensino.

Observa-se que quatro desses professores tiveram acesso à escola pública do ensino fundamental ao médio. Mas, quanto ao ensino superior, somente as professora Carolina e Luíza, coincidentemente as mais velhas, cursaram uma faculdade pública. E Carolina, justamente uma das professoras que mais sofreu interrupções em seus estudos, tendo cursado boa parte do ensino fundamental e médio em escolas privadas, conciliando desde cedo estudo e trabalho, é que entrou para uma faculdade pública para um curso de licenciatura curta no período noturno.

Podemos ver que a trajetória escolar de Carolina é singular, pois teve muitas dificuldades para prosseguir nos estudos. É a única a mencionar dificuldades de aprendizagem de forma explícita. Ao perguntarmos o motivo por que havia se transferido para o noturno, na quarta série, Carolina disse que teve dificuldades com o aprendizado da leitura e da escrita, tendo sido reprovada nas séries iniciais. Para Carolina, suas dificuldades com os estudos estavam relacionadas à forma como seus pais falavam:

> Mas... é... meus pais eram do interior, então tinha aquele negócio, é... falar um pouquinho errado, né? Então eu custei corrigir. Custei a corrigir porque eu falava: "nós vai, nós foi..". (risos). Mas coitados... Eles não eram formados nem nada. Papai inclusive era... ele era analfabeto, né? Mamãe estudou até a 3ª série. Mas aí eu fui lutando na minha vida. *(Carolina de Jesus)*

Vemos que ela não atribui suas dificuldades à escola ou ao tratamento que recebia dos professores ou a algum tipo de preconceito. A professora parece ter interiorizado que as razões de seus "fracassos" diziam respeito a ela, individualmente.

Os estudos de Carolina foram interrompidos assim que concluiu o primário. Vinda de uma família numerosa, a professora foi impedida de prosseguir o seu processo de escolarização, segundo ela, devido às dificuldades financeiras de seus pais:

> Eu fiz uma pausa muito grande, né? Porque eu não fui continuando, não. Porque na época minha escola tinha que pagar... tudo era pago...Não é igual como hoje que é gratuito, não. Tudo era pago. Aí meus pais assim... mamãe era doméstica... Lavava roupa pra fora pra ajudar meu pai, meu pai também ganhava muito pouco, então... muitos filhos... Ele tinha... eu tinha 12 irmãos, então ele falou: – "Se eu pagar pra você tem que pagar pra todos, então infelizmente ninguém vai estudar". Mas eu naquela boa vontade, naquela persistência... *(Carolina de Jesus).*

A situação descrita por Carolina apresenta muitas semelhanças com as histórias de diversas crianças negras. O difícil acesso ao ensino oficial, as interrupções, "as dificuldades de aprendizagem", dificuldades materiais, abandono dos estudos para trabalhar, falta de vagas nas escolas são situações que contribuem para engrossar os dados sobre a baixa escolarização dos negros no Brasil.

A idade de Carolina nos permite fazer algumas inferências a respeito de sua trajetória escolar. No período em que Carolina iniciou os seus estudos, início da década de 1960, não havia escola pública de ensino fundamental para todos que procuravam escolarização. Até a quarta série ou quarto ano primário, como se dizia na época, o atendimento era maior. Mas, com relação ao ginásio, as coisas começavam a se complicar. Para ingressar numa escola pública e completar o que chamamos hoje de Ensino Fundamental, era necessário fazer prova de seleção nas poucas escolas públicas existentes. A outra alternativa era conseguir uma vaga em escolas particulares de baixa qualidade que proliferaram em diversos bairros da cidade. Para custear as mensalidades recorria-se a bolsas de estudo junto a deputados e vereadores.

De acordo com Góes e Cunha, com a tomada do poder pelos militares, em 1964, as verbas públicas destinadas ao ensino eram transferidas às instituições particulares que se encarregariam de escolarizar as crianças que não tinham acesso à escola pública:

> As bolsas de "obrigatoriedade escolar" são dadas a crianças de 7 a 14 anos de idade que não conseguem vaga em escola pública nas proximidades de sua residência. Essas bolsas são distribuídas na periferia dos municípios, justamente onde reside a população mais miserável e onde a rede pública é diminuta. Em seu lugar proliferam

> escolas privadas que subsistem às custas das bolsas de estudo, conferidas, tradicionalmente, por intermediação político-partidária *(GÓES E CUNHA, 1987. p. 46).*

Naquele tempo as escolas públicas ainda gozavam de certo *status,* se comparadas às escolas particulares. Para estas imperava, inclusive, o *slogan* "pagou, passou". Carolina cumpriu boa parte de sua escolaridade em escolas desse tipo.

Mesmo com um percurso escolar marcado por interrupções e dificuldades de aprendizagem, Carolina concluiu o magistério e, cinco anos depois, prestou vestibular na Universidade Federal de Minas Gerais, para Pedagogia, licenciatura curta, modalidade de ensino superior com carga horária reduzida que existiu nas faculdades brasileiras até meados dos anos 80, quando foi extinta. Não desconsiderando o pouco *status* associado a essa modalidade de ensino superior, Carolina venceu diversas barreiras para continuar e concluir os estudos, lançando mão de algumas estratégias para driblar suas dificuldades.

> Aí eu fui fazer a prova oral. Aí cheguei lá... eu não aprendi na 4ª série o que era substantivo, é... sentença matemática eu não aprendi, sabe? Muitas coisas assim que eu não sabia, mas só do professor olhar meus objetos assim, sem falar nada, eu fui, né? falando... (risos) e consegui passar. Por exemplo, quando ele falava substantivo comum, ele despistadamente olhava pro quadro, aí eu falava: – Quadro, cadeira, mesa. *(Carolina de Jesus)*

No exemplo, Carolina explica como conseguiu passar no teste de seleção para ingressar no ginásio em uma escola particular, demonstrando que, como faltaram os conteúdos necessários para realizar a prova oral, contou com a cumplicidade do professor que aplicava o teste. Mas apesar de considerar que Carolina venceu muitas barreiras ao conseguir ingressar em uma faculdade pública, a forma como se deu a sua trajetória escolar irá trazer consequências não muito positivas para a sua inserção no mercado de trabalho.

> Aí eu fiz lá normal e formei com 18 anos. Sabe? Dezoito anos. Aí eu tive muita dificuldade de conseguir uma vaga na... no estado. Eu trabalhei, formei, aí comecei a dar umas aulinha particular e tal, aí depois fui trabalhar no estado. *(Carolina de Jesus)*

Diante do questionamento sobre sua não-inserção na carreira do magistério na rede municipal, Carolina faz referência a suas dificuldades com os conteúdos de Língua Portuguesa e Literatura que a impedem de ser aprovada nos concursos. Pode-se ver que sua formação acadêmica não lhe garantiu plenas condições de inserção no mercado de trabalho.

Raquel de Oliveira, em artigo que estabelece uma relação entre o currículo escolar e o *curriculum vitae,* chama a atenção para a importância do "currículo escolar como um componente indissociável da história de vida dos indivíduos; em conjunto, currículo escolar e *curriculum vitae* expressam o poder de articulação do indivíduo na sociedade" (OLIVEIRA, 1997, p. 79). Nesse aspecto, destaca o fato de que, como a maioria dos negros no Brasil tem um ensino de péssima qualidade, isso influenciará decisivamente na sua colocação no mercado de trabalho. Apesar de Carolina estar trabalhando na rede pública, possui um salário menor que muitos professores que têm curso de licenciatura plena ou concursados da rede municipal. Para complementar a renda familiar, vende frango assado nos finais de semana.

Já o caso de Luíza destoa um pouco dos outros porque realizou todos os seus estudos em escola pública. É curioso se compararmos com o percurso de Carolina, pois ambas são da mesma geração. Chamamos atenção para o fato de que, apesar de Luíza ter dito que sua família era "muito" pobre na época em que estudava, sua condição de vida talvez tenha sido melhor que a das outras entrevistadas. Seu pai era bancário, diferentemente da profissão exercida pelo pai de Carolina que oferecia uma remuneração menor. A própria professora cita os incentivos constantes recebidos dos pais para que os filhos estudassem, dizendo que os estudos eram a única coisa que poderiam deixar para eles. Luíza enfatiza muito esse aspecto familiar para explicar como conseguiu certa estabilidade material na vida. Os exemplos de seu pai, da mãe e da avó materna foram interpretados como significativos para a sua vida acadêmica e profissional. Luíza ingressou numa universidade federal sem passar por cursos pré-vestibulares e recorda-se que foi reprovada apenas uma vez no ginasial.

As demais professoras, apesar de terem-se submetido a provas de seleção para ingressarem no curso de magistério no Instituto de Educação, não mencionaram dificuldades relacionadas à questão de falta de vagas. Antonieta, ao se transferir para a capital mineira, chega a mencionar que teve que estudar um ano em escola particular, pois já havia encerrado o processo para conseguir uma vaga na escola pública. As dificuldades vivenciadas por Antonieta, segundo ela, eram de outra natureza, estavam intimamente ligadas ao isolamento sofrido por sua condição de criança negra, em cidade do interior de Minas Gerais, atribuindo a isso os motivos de ter sido reprovada na escola primária.

Maria interrompeu o curso de eletrônica numa escola particular onde era bolsista, por não ter condições de adquirir os materiais pedidos pelos professores e acabou se "desinteressando" pelo curso. Parte do período de escolarização das professoras Maria e Antonieta coincide com o momento em que ocorre o início do processo de ampliação do número de vagas nas escolas públicas do País. Entretanto, elas não fazem referência à forma como ingressaram na segunda etapa do ensino fundamental. Luiz, por ser o mais jovem, iria estudar em um contexto no qual houve uma expansão bem maior das vagas nas escolas públicas. Apesar de todas as dificuldades enfrentadas por diversas crianças na escola pública, o processo de expansão de vagas nessa rede de ensino foi fundamental para a população negra no sentido de ter acesso à educação formal.

As maiores dificuldades no ensino superior foram enfrentadas pelos professores Luiz, Maria e Antonieta. Maria teve que conciliar dois turnos de trabalho como professora do ensino fundamental e o curso de História em período noturno; Antonieta, em sua primeira tentativa de cursar uma faculdade, enfrentou dificuldades financeiras para se manter no curso e, mesmo trabalhando em uma empresa de catálogos telefônicos, não conseguiu custear os estudos, pois tinha que ajudar a família. Desistiu da faculdade e só retornou ao curso de Comunicação quando já estava lecionando na rede municipal de ensino.

Luiz, que na época em que estudava tinha uma condição financeira mais favorável, se comparada à maioria da população negra brasileira, manteve seus estudos em escolas públicas sem interrupção até o ensino médio, e frequentou, inclusive, um curso pré-vestibular, e começou seus estudos universitários em uma faculdade privada. Mas logo após um ano de curso, Luiz passou a ter dificuldades para se manter na faculdade, principalmente, por questões financeiras de sua família. Sua mãe, que era uma micro-empresária do setor de confecção, perdeu suas máquinas e encontrou muitas dificuldades para manter seus funcionários. Segundo Luiz, o principal motivo para o abandono da faculdade estava relacionado a suas dificuldades financeiras provocadas pelos planos econômicos do governo Collor.

> Aí, posteriormente minha mãe foi perdendo as máquinas, foi ficando aquele arrocho, dinheiro aplicado em poupança e aí foi a queda financeira na família e eu fui obrigado a deixar a universidade. Eu me lembro que eu ainda saí batalhando bolsa, essas coisas, crédito educativo que tava bloqueado, o Collor bloqueou o crédito educativo, aí eu fiquei um mês sem pagar a universidade e aí já saí atrás de bolsa. Eu fui procurar o dono da universidade na época, é o General S. que falou assim: – "se você não tem condições de estar aqui é melhor que você não esteja" *(Luiz).*

Os impactos causados pelo Plano Collor desestabilizaram economicamente muitas famílias, mas nos perguntamos: se o que ocorreu com Luiz acontecesse a uma família de brancos, os efeitos seriam os mesmos? De acordo com d'Adesky (2001), as dificuldades econômicas podem trazer alguns empecilhos para um branco de classe média, mas o mesmo não terá suas aspirações dilaceradas. Ele tem a seu favor todo um arsenal simbólico que diz respeito à possibilidade concreta de seu grupo étnico-racial de poder alcançar posição de prestígio. Os brancos são maioria nas universidades, nos postos de poder, na mídia. Essa visibilidade tem como consequência a naturalidade da ideia de possibilidade de ascensão social; logo, o jovem branco terá suas esperanças estimuladas, levando-o a redobrar seus esforços.

Vimos que a conversa de Luiz com o diretor da faculdade foi traumática, demonstrando que Luiz estava ocupando um espaço que não "deveria ser dele", com relação aos brancos. Luiz, jovem negro de classe média, não pôde compartilhar plenamente a mesma satisfação de um jovem branco em igual condição social, "os fatores classe e raça conjugam-se sem ambivalência, caracterizando para ele um acesso truncado em relação aos bens e funções de prestígio cuja posse atesta uma mais-valia em termos de privilégios e vantagens" (D'ADESKY, 2001, p. 81). A partir do momento que se vê obrigado a abandonar o curso de medicina, inicia-se um verdadeiro "calvário" para o futuro professor. Pois o mesmo vai se deparar com a presença do racismo em sua vida e é a partir daí que "descobre" que ser negro no Brasil é ser diferente e viver em condições de desigualdade.

"Processos de passagem" – a discriminação racial e seus desdobramentos

> *A construção da identidade passa sempre por um processo complexo graças ao qual cada um se apropria do sentido da sua história pessoal e profissional. É um processo que necessita de tempo. Um tempo para refazer identidades, para acomodar inovações, para assimilar mudanças* (Nóvoa, 2000, p.16).

A expressão *processos de passagem* é tomada de empréstimo de Silva (2000), quando ela comenta o esforço das pessoas negras para ocuparem um outro lugar social, confirmando a luta diária do negro, em geral, e da mulher negra, em particular, no enfrentamento do racismo e na busca de formas de superarem a si mesmas. Para Silva, "essa luta envolve um processo lento e difícil em que o reconhecimento da introjeção da cultura branca vem acompanhado do sofrimento no reconhecimento das discriminações" (p. 9). Como nos diz Nóvoa, é preciso tempo para que as pessoas possam mudar, tornarem-se outras sem perder a si mesmas; são processos que não têm linearidade nem mesmo prazos definidos ou etapas preestabelecidas.

A biografia dos professores negros demonstra que cada um, com suas vivências, teve que retomar uma série de experiências, num processo de reorganização de tudo o que tinha vivido até o momento da compreensão do significado do que é ser negro. Para alguns, o processo de reconhecimento da discriminação foi lento e difícil, marcado por culpa, dúvida e ressentimento. Tal processo compreende situações decisivas como transferência de cidade, ressentimento com a discriminação, sentimento de estar em lugar errado, entre outras.

Eu quero chamar a atenção para o fato de não existir um momento único, comum a todos os sujeitos, ao mesmo tempo em que não existe uma simples passagem de um estado para outro (MCLAREN, 1991), e sim um processo. Nos ritos de passagem a mudança se dá no plano da identidade e das diferentes formas de participação social que pressupõe uma mudança. No entanto, trata-se, aqui, de conjuntos de situações e contextos que influenciaram a forma como cada professor passou a compreender a questão racial. Muitas vezes, a "passagem" se dá através de reelaboração, no tempo, de diferentes situações vividas, criando um nexo entre essas situações que passam a ter novo sentido para o sujeito. A biografia individual articula-se com o momento histórico e social em que cada um esteve e está inserido. A possibilidade de transitar em contextos variados, bem como de ter contato com movimentos sociais ou pessoas do Movimento Negro, pode ser considerada como um ingrediente potencializador dos processos de mudanças sofridos pelos professores.

Com relação aos sujeitos desta pesquisa, veremos que a tomada de consciência de que ser negro significa ser discriminado provoca reações que podem gerar uma série de sentimentos e estados emocionais, como o ressentimento por ter que abandonar o sonho de ser médico; o desgosto pela escola e o desejo de abandonar os estudos devido ao tratamento hostil a que são submetidos; a negação da incidência do racismo em suas vidas; momentos de depressão e angústia por terem vivido tanto tempo sem se darem conta de como a discriminação racial havia se manifestado em suas vidas;

conformismo ou subterfúgio em que a pessoa tentará convencer a si mesma de que a discriminação não a estremece. Além desses sentimentos, vão ocorrer alguns desdobramentos de cunho mais politizado possibilitando posteriores engajamentos em movimentos sociais e em atividades antirracismo.

As experiências com a discriminação racial foram percebidas, como tal, em momentos diferentes na vida das pessoas, pois alguns só se dão conta da existência do preconceito com relação aos negros na fase adulta. Quando isso acontece, fazem uma espécie de *feedback*, revendo o passado e compreendendo que já haviam experienciado o racismo num momento em que não compreendiam o que isso significava. Para outros, a visão de naturalidade do tratamento desigual dispensado aos negros permanecerá até a oportunidade de estabelecer outros tipos de relações com pessoas negras e brancas, participar de reuniões e eventos do Movimento Negro, conviver com pessoas que têm um maior entendimento das questões raciais. Todos os professores da pesquisa reconheceram que foram discriminados. Veremos que a forma como compreenderam e reagiram a essa discriminação será resultado de suas experiências de vida como pessoa negra.

As experiências com a discriminação terão como palco a escola – tanto quando eram estudantes, como quando profissionais –, o mercado de trabalho, a vizinhança e determinadas instâncias do próprio movimento social. Por outro lado, pessoas e espaços sociais, como família, amigos, sindicato e movimentos sociais também são fundamentais para fomentar as diversas formas de compreender o racismo no Brasil e reagir a ele.

A forma como cada professor reagiu aos preconceitos e como os ressignificou na vida adulta, dependeu das oportunidades de convivências com pessoas ou situações que promoveram uma maior reflexão a respeito das relações raciais. Diferentes formas de estar no mundo fazem parte da própria diversidade da vida social. Mesmo que se encontrem muitas semelhanças entre os percursos dos sujeitos da pesquisa, as concepções a respeito das relações raciais foram elaboradas das mais variadas formas interferindo, inclusive, na maneira como atuam pedagogicamente, empreendendo, ou não, ações antirracismo.

Essas diferenças de posicionamentos podem demonstrar a importância da compreensão dos percursos biográficos desses professores, bem como dos contextos que propiciaram os processos de aprendizagem a respeito das relações raciais em suas vidas. Mas, que contextos e processos foram esses? Como cada professor vivenciou e interpretou as discriminações sofridas? Como passou a reagir a partir daí? São questões que pretendo responder baseando-me nos pressupostos apontados por Vieira (1999) de que o pensamento das pessoas em sua singularidade é resultado de uma construção social e que essa construção se dá ao longo da história de vida de cada um. Para ele, "pelo fato de as crenças e as práticas sociais nos chegarem do exterior não quer dizer que as recebamos passivamente e sem as submetermos a modificações (...). Não há conformismo social que não comporte toda uma gama de matizes individuais" (VIEIRA, 1999, p. 34). Nesse sentido, faz-se necessário compreender e interpretar as concepções e posicionamentos dos sujeitos da pesquisa considerando não só as semelhanças nos percursos, mas as particularidades dos contextos vividos e das elaborações e representações daí advindas.

A forma como cada sujeito vivencia a discriminação racial e suas reações, a partir daí, trazem contribuições importantes para a compreensão dos processos de constituição da identidade negra de cada professor. Assim como o estudo dos percursos biográficos é fundamental para a compreensão dos processos identitários, no caso específico da identidade negra, a forma como se constituem a percepção e as reflexões sobre as relações raciais na vida das pessoas é igualmente importante, se quisermos alcançar um grau maior de compreensão a respeito de como os professores negros elaboram sua própria identidade étnico-racial.

Ferreira (2000), em estudo sobre o desenvolvimento da identidade negra, identifica quatro estágios que considera fundamentais para a constituição da identidade dos afro-descendentes, que consideramos importante retomar aqui:

• submissão – nesse estágio, geralmente, o indivíduo apresenta baixa autoestima, com sensação de não "se encaixar realmente em nenhum grupo, demonstrando alienação. Muitas vezes essas pessoas acreditam que as questões étnico-raciais não têm nenhuma relação com sua maneira de viver, mas de ser a mobilidade social determinada, fundamentalmente, pelo esforço e pelas habilidades pessoais" (p. 71);

• impacto – nesse estágio, ocorre a tomada de consciência da discriminação, "da não funcionalidade da visão do branco como referência para a construção da estrutura pessoal e da necessidade do desenvolvimento de uma nova identidade" (p.76);

• militância – nesse estágio, a pessoa "decidiu-se pela mudança (...) é o período no qual a pessoa mergulha no mundo negro, passando a participar de grupos nos quais seus valores são intensamente afirmados (...) a pessoa vivencia um desenraizamento, acompanhado do sentimento de raiva, culpa e orgulho" (p. 81);

• articulação – "as pessoas nesse estágio encontram maneiras de articular seu senso de negritude em um plano de ação e de compromisso como participante de um grupo. Deixam de referenciar-se no preconceito como um universo, por si só" (p. 83).

Cada um desses estágios evidencia um determinado tipo de identidade negra em consonância com uma série de aspectos relacionados à forma como cada pessoa constrói seu percurso biográfico e de como o indivíduo negro, segundo o autor, "se articula e se compromete com as matrizes culturais do grupo de referência" (p.63). Cada estágio corresponde a um tipo de posicionamento político e a uma forma de se ver enquanto pessoa negra. É interessante o modo como Ferreira se utilizou desses estágios para compreender o processo de construção da identidade de um militante negro.

Mesmo considerando que a especificidade da trajetória dos sujeitos desta pesquisa não permite um enquadramento nesses estágios, tais categorias serão consideradas em alguns momentos da análise dos *processos de passagem* vivenciados pelos professores negros, porque ajudam a revelar nuances do que pode estar acontecendo nos processos de constituição da identidade negra dos professores.

Estranhamento, silenciamento, dúvida

> *"(...) é suficiente que os negros fiquem em seu lugar, executem o trabalhos mal remunerados, para que não incomodem em sua miséria e para que sua alienação seja aceita, ou até mesmo desejada".* (D'ADESKY, 2001)

A maioria dos professores entrevistados mencionou que o primeiro contato com o preconceito e a discriminação racial se deu no ambiente escolar, quando criança. Embora esses relatos não apareçam com muita frequência nos depoimentos, os casos lembrados refletem a crueza de uma realidade que ainda não foi superada em nossas escolas. Veremos que os próprios professores na fase adulta de suas vidas vão descrever situações diversas de preconceitos com alunos negros e/ou oriundos de vilas e favelas, nas escolas nas quais trabalharam ou trabalham.

Em algumas circunstâncias, persiste a dificuldade em identificar os preconceitos sofridos como manifestações de discriminação racial. Para determinadas pessoas, essa compreensão ocorreu em um período posterior em que foram necessárias manifestações explícitas de racismo para que se sentissem discriminadas. Para outras, a discriminação foi sentida já na fase adulta quando se tornaram professores, quando a escola foi, novamente, palco de manifestações racistas.

Foi também na escola que os professores tiveram a oportunidade de elaborar uma reflexão mais aprofundada a respeito das condições sociais a que a população negra está submetida. Muitos profissionais se viram em seus próprios alunos, relembrando as experiências da fase escolar e constataram que o preconceito racial continua existindo. Essa situação de identificação com os alunos negros e pobres iria proporcionar, em alguns casos, um certo engajamento político com vistas a qualificar melhor o trabalho para atender a esse público. Outros atribuem aos próprios negros os motivos de sua condição social, confundindo esforço pessoal com igualdade de oportunidades.

Analisando o caso particular de Antonieta, que viveu até o início de sua adolescência em cidade do interior, observa-se que a discriminação racial sofrida por ela e seus irmãos na escola refletirá no seu desempenho e até mesmo no desejo de permanecer estudando:

> Enquanto estudante o que mais marcou foi na infância e início da adolescência numa cidade do interior, na roça em que um preconceito extremamente forte, violento em que a gente enquanto negro, a gente era considerado, eu e meus irmãos éramos considerados, completamente incapazes e extremamente horrorosos pelos colegas. Então a gente chegava em casa e dizia pra minha mãe que a gente não queria estudar, não queria voltar pra escola, não queria ir pra aquele lugar porque aquele lugar não era lugar da gente. Então isso interferiu no processo de aprendizagem porque a gente não tinha vontade na sala de aula, a gente eu e meus irmãos conversávamos sobre isso, irmãos que tinham a idade mais próxima *(professora Antonieta).*

A expressão "não era lugar da gente" denota o sentimento que muitas pessoas têm em determinados espaços, seja pela pouca presença de negros, seja pela hostilidade a que são submetidos. As discriminações, das quais Antonieta foi alvo na escola, tendem a tomar uma dimensão maior em uma cidade do interior onde a hierarquização social parece ser mais demarcada. A própria Antonieta mencionou a forma como se dão as relações sociais no interior, referindo-se ao alto *status* atribuído aos de condições econômico-sociais melhores, os brancos, e o tratamento privilegiado dispensado aos mesmos. Com relação aos negros e pobres, continuavam atitudes de desprezo e as humilhações. Torna-se interessante chamar a atenção para o fato de Antonieta, desde cedo, não ter dúvidas de que ela e os irmãos eram discriminados na escola e na cidade por serem negros, diferenciando-se de outros sujeitos da pesquisa que só vieram a ter essa compreensão numa fase posterior de suas vidas. No entanto, Antonieta passou boa parte de sua infância influenciada pelas ideias de sua família que expressavam uma certa conformidade com o fato de brancos e negros serem tratados de forma diferente:

> Em casa, os meus pais, a postura, e dos meus irmãos mais velhos, era de conformismo "ah deixa isso pra lá, não liga não". E... quando não dizia, não com essas palavras, mas que as pessoas estavam certas: "não, somos nós que somos diferentes". Então as pessoas estavam certas. Nós temos que saber o nosso lugar *(professora Antonieta).*

Vemos que a identidade de Antonieta estará permeada por visões depreciativas com relação ao negro. Ao ser xingada, tratada com hostilidade, ser considerada feia pelo fato de ser negra, instala-se nela uma *identidade deteriorada* (GOFFMAN, 1989). De acordo com Taylor (citado por D'ADESKY, 2001), a identidade é formada em diálogo aberto, ou seja, as pessoas dependem do diálogo com os outros.

> Os processos de alienação impõem aos indivíduos ou grupos minoritários a interiorização de imagens depreciativas de si mesmos (...) o não reconhecimento ou o reconhecimento inadequado de uma identidade pode causar danos e constituir um modo de opressão, aprisionando os indivíduos numa maneira de ser falsa, deformada e reduzida *(TAYLOR apud D'ADESKY, 2001, p. 25).*

O contato de Antonieta com os outros é traumático e revela uma relação de inferioridade na hierarquia social e racial. A imagem de feiura e incapacidade imputada a ela e a seus irmãos não corresponde à realidade, mas essa marca que lhes é atribuída pelos outros causa danos terríveis à existência das crianças negras. O que é específico de Antonieta, como pessoa negra, é depreciado pelo outro, branco, que se toma como padrão dominante de beleza, capacidade, humanidade.

O fato de uma criança perceber a escola como um ambiente hostil, estranho, não seu, traz sérias consequências para seu desempenho e sua permanência na escola. Não é sem razão que a população negra continua engrossando os números de baixa escolarização até os dias atuais. A pouca atenção dispensada a ocorrências dessa natureza contribui para cercear o acesso dos negros ao sistema educacional. Não raro, as dificuldades de aprendizagem, a evasão escolar ou problemas de indisciplina, por exemplo, serão explicados por outros fatores distantes daqueles relacionados à discriminação racial. Incapacidade, problemas psicológicos, falta de assistência familiar, condição econômico-social desfavorável serão os argumentos mais comuns para explicar os "problemas" das crianças negras na escola.

Para Antonieta, essas vivências com o preconceito na escola foram tão marcantes que levaram ao desinteresse pelos estudos, desaguando em uma reprovação. Pinto (1992), em artigo que analisa as publicações que articulam relações raciais e educação, destaca que são uma preocupação constante de diversos pesquisadores os efeitos do racismo sobre a criança negra na escola. Chama a atenção para o fato de que, muitas vezes, as agressões sofridas podem levá-la a rejeitar ou abandonar os estudos.

Antonieta reforça, em sua fala, o fato de que suas professoras mantinham-se alheias ao que ocorria com ela e com seus irmãos. Disse que eram ignorados, não recebiam atenção, demonstrando o descaso das docentes para com uma situação tão grave: "os professores ficavam calados em relação aos xingamentos que a gente sofria... ficavam calados". A não-interferência da escola nos casos de violência racial sofrida pelas crianças negras contribui para que crianças brancas e negras vejam essas atitudes como normais, não condenáveis, podendo, assim, gerar autorrejeição nas crianças negras e aumento do sentimento de superioridade nas crianças brancas. De acordo com Cavalleiro,

> o silêncio permanente das professoras a respeito das diferenças étnicas no espaço escolar, somado ao das crianças negras, parece conferir aos alunos brancos o direito de reproduzir seus comportamentos, pois não são criticados ou denunciados, podendo utilizar essa estratégia como trunfo em qualquer situação de conflito. *(CAVALLEIRO, 2000, p. 54)*

É importante atentar aqui para a seriedade de problemas dessa natureza, se se pensar na quantidade de crianças que podem estar vivenciando o preconceito em milhares de escolas espalhadas por todo o Brasil, sem que ocorra qualquer tipo de intervenção mais eficaz com vistas a promover uma educação para a igualdade racial. Um dos efeitos do racismo sobre as crianças negras pode ser o sentimento de incompreensão a respeito do tratamento diferenciado dado a elas. Muitas crianças podem se sentir extremamente confusas com relação a sua própria identidade e, ao mesmo tempo, introjetar um sentimento de autorrejeição fortíssimo. A título de exemplo dessa situação, reproduz-se, a seguir, uma redação escrita por uma menina negra:

> "*Como eu me sinto fazendo parte da raça negra*
> *Izabel Cristina da Silva*
>
> *Eu me sinto igual aos outros, mas não como os brancos. Os brancos são uma coisa, os negros são outra.*
> *Porque os brancos não eram judiados como os negros. Agora, quase ninguém sabe, né.*
> *Mas ser morena, negra não é uma coisa ruim, sendo gente bom demais.*
> *Às vezes, eu até esqueço que sou negra, mas às vezes lembro.*
> *Tenho muita vergonha de ficar perto de gente branca, porque me sinto tão humilhada.*
> *Se eu vou deixar de ficar com as minhas amigas brancas, com meus amigos brancos vou me sentir que não tenho nenhum amigo, e vou me sentir solitária.*
> *Já pensou que os alunos negros achassem ruim os professores brancos darem aula para os alunos brancos?*
> *E os professores negros davam aula para os alunos negros. Ia ser uma bagunça.*
> *Às vezes eu penso que as professoras, de hoje, não gostam dos alunos negros*"
> (GONÇALVES; SILVA, 1993, p. 28-29).

Se a escola traz poucas contribuições para o enfrentamento dessas questões, as famílias também têm dificuldades para ajudar as crianças negras a compreenderem melhor o que se passa. Alguns relatos dos professores permitem trazer à tona a posição de suas famílias no processo de construção da identidade negra . No caso da professora Antonieta, ela passou por um aprendizado inicial no contexto familiar no qual aquele tratamento preconceituoso para com ela era considerado natural, que negros e brancos não poderiam conviver em situação de igualdade, pois não eram iguais mesmo. Seus pais chegavam a proibir as brincadeiras e a convivência com pessoas brancas para evitar, talvez, o sofrimento com a discriminação racial. A família de Antonieta usa de uma espécie de mecanismo de proteção comum à maioria das famílias negras. De acordo com Barbosa:

> Nas famílias negras, a cápsula protetora aparece como uma constante, retardando por maior tempo possível o aparecimento do problema racial, que vai trazer sempre decepções e choques que podem, em maior ou menor medida, influir decisivamente nas relações com brancos e negros *(BARBOSA, 1987, p. 54).*

No entanto, ao chamar a atenção para a naturalidade do tratamento desigual dado a Antonieta, seus pais lhe transmitem a ideia de que o negro precisa se manter no seu lugar, ou seja, evitando contato com os brancos, não convivendo nos mesmos espaços, não reagindo às agressões sofridas, demonstrando, inclusive, que a culpa está no próprio negro: "nós temos que saber o nosso lugar", dizia sua mãe. Somente numa fase posterior, em outro contexto geográfico, é que Antonieta teria a oportunidade de passar por outros aprendizados a respeito das relações raciais.

Em outro caso, também, a família da professora Maria, além de não ter propiciado referenciais para que ela pudesse compreender melhor as desigualdades entre negros e brancos, reforçou estereótipos negativos com relação aos negros:

> Minha mãe mesmo outro dia, eu tava vendo uma coisa do Maurício Tizumba [8], e aí falei, com minha irmã assim: vamo lá no Tizumba? Mãe disse: ah, também adoro batuque! Na hora que ela falou isso, veio na minha cabeça, sabe? Como um filme que passou, eu lembro a minha mãe, quando a gente era menina, o povo do congado vinha, ela mandava a gente correr pra dentro de casa, fechava a porta, sabe? Mas na mesma hora veio aquele clipe, veio ruim, sabe? Não veio gostoso. Aí falei com ela assim: então por que que... meio que cobrando dela, sabe? Por que que você a vida inteira, cê fez a gente correr? Ela assustou, que eu acho que nem ela sabia por que que ela fazia isso. Então, por que que a vida inteira a senhora fez isso? Então eu lembro quando eu era menina, tinha o Sô Raul, que era um moço negro, ele aparecia, a gente corria pra casa. E ele era um moço bom, era o bom da rua, um velho bonzinho. Mas a gente tinha medo dele *(professora Maria).*

---

[8] Músico e ator mineiro trabalha com música percussiva, além de coordenar o grupo Tambores de Minas, integrante da comunidade de congadeiros.

A mãe de Maria é branca, seu pai negro, e ela passou toda a infância e adolescência alheia às questões raciais. Foi a única a não relatar situações de discriminação na infância. Comentou, inclusive, que sua família era muito protetora, que vivera em um mundo fechado antes da fase adulta, as conversas sobre racismo e temas afins não existiam. Somente na fase adulta teria a compreensão de que determinados comentários e posturas tais como "seu cabelo é quase bom" (comentário de um namorado) ou quando pedia emprego para um amigo de seu pai juntamente com uma colega branca, sempre lhe ofereciam serviços de faxina, enquanto que para a outra era de recepcionista, secretária, enfim, tudo isso era expressão de preconceito racial ou estereótipos negativos para com os negros.

Como o objetivo aqui não era indagar o contexto familiar de forma incisiva, essas considerações não serão aprofundadas, mas sim a importância do tema nos processos de construção da identidade negra. No caso dos professores desta pesquisa, o silêncio da família, posturas de passividade ou preconceito podem ter contribuído para adiar neles a compreensão da realidade racista de nossa sociedade, aumentando, inclusive, o sofrimento dessas pessoas no momento em que tomaram consciência de que ser negro no Brasil significa, dentre outras coisas, receber tratamento desigual em vários espaços sociais.

A professora Carolina não se recorda de ter sofrido discriminação racial enquanto estudante na escola, mas recorda-se de um fato que a marcou muito:

> Eu estudei... é... na Escola Estadual José Bonifácio e... comigo não tinha preconceito, não. Lá estudava eu e minha sobrinha. Então minha sobrinha chorou muito no início. Era muito apegada a mãe, chorava muito. Então (risos) a professora virou e falou pra ela assim: – Você é preta, ainda chorando, vira macaco. Falou com ela, sabe? Mas fiquei com aquilo na cabeça, sabe? Não aconteceu comigo... normal... eu recebia elogios... comigo não, mas eu percebi que lá tinha o preconceito... Por ela ter falado com a minha sobrinha que... que ela era preta, e chorando ainda, que ela então virava uma macaca. *(Carolina de Jesus, grifos meus).*

Nesse episódio narrado por Carolina vemos que, apesar de o preconceito não ter sido com ela, parece tomar para si a violência sofrida por sua sobrinha: "não aconteceu comigo mas eu percebi que lá tinha o preconceito". Aqui parece haver uma espécie de subterfúgio por parte de Carolina que demonstra o tempo todo, através dessa e de outras falas, que o preconceito não fez parte do seu percurso escolar. Ao dizer que era muito elogiada, Carolina passa a ideia de que as pessoas não viam a sua cor.

Questionamos esses elogios recebidos pela professora, uma vez que a mesma fez referência, em diversos momentos de sua entrevista, às suas dificuldades em aprender os conteúdos ensinados, tendo inclusive demorado a aprender a ler. Será que Carolina era notada por seus professores, será que os elogios refletiam de fato a ideia que suas professoras tinham dela ou representariam uma espécie de desinteresse, de falas vazias? Nesse sentido, retomamos o trabalho de Cavalleiro que, em sua pesquisa, presenciou exemplos dessa natureza com relação às diferenças nas formas de elogiar crianças brancas e negras. Segundo a autora, por trás da premissa "todos somos iguais", largamente propagada pelas professoras, detecta-se uma tênue diferença nos elogios recebidos pelas crianças, quando são avaliadas suas atividades. Eles podem ser divididos em dois grupos, a saber:

> **Primeiro grupo – elogio à criança:**
> (...) Ao avaliar a lição de uma aluna branca, a professora diz: "Você é muito inteligente". A criança volta para a mesa sorrindo.
> **Segundo grupo – elogio à tarefa:**
> (...) A menina Denise (negra) leva a sua atividade para ser avaliada pela professora, que lhe diz: "Isso. Está certo!". A menina volta para a sua cadeira. Depois de cinco minutos, a menina se dirige novamente até a professora pra mostrar-lhe a sua lição. A professora diz: "Está bonita!". A menina sorri e volta para o seu lugar. Mais uma vez a menina caminha até a mesa da professora, que lhe diz: "Já disse que está bonita!" A menina volta para a sua cadeira *(CAVALLEIRO, 1999, p.75-76).*

Para Cavalleiro é bastante diferente um elogio que valoriza a pessoa de um que diz respeito à tarefa por ela realizada. Esse tratamento diferenciado, dispensado às crianças brancas e negras, pode parecer sutil, mas reflete as muitas formas de manifestações do preconceito racial. Ainda, para Cavalleiro, "pode-se afirmar que as crianças brancas são privilegiadas na relação professor/aluno, pois conseguem, com mais frequência, identificar-se positivamente" (p.76).

Carolina, para não dizer de si mesma, busca o exemplo da sobrinha, mas reconhece que a escola era preconceituosa e isso "fica em sua cabeça" como ela mesma diz. Esse tipo de postura representa as dificuldades em aceitar a existência da discriminação racial, pois isso pode significar algo muito doloroso que atinge a autoimagem das pessoas, e, no caso de Carolina, apesar de não negar a existência do preconceito, ela própria pensa estar imune a ele. Talvez o fato de Carolina ser professora possa contribuir para que tenha uma imagem idealizada da escola e dos professores, não conseguindo perceber com maior profundidade que o preconceito contra negros não se limita a pessoas individualmente e sim aos negros de forma geral. Se sua sobrinha foi chamada de macaca pela professora, a possibilidade de outras crianças negras, dependendo das circunstâncias, receberem tratamento semelhante torna-se uma possibilidade real. De acordo com d'Adesky (2001), o tratamento preconceituoso dispensado ao negro, mesmo que individualmente, atinge diretamente a dignidade do negro enquanto indivíduo merecedor de respeito, mas igualmente essa desvalorização do negro enquanto indivíduo atinge os negros enquanto grupo.

O exemplo seguinte revela as contradições e dificuldades de muitas pessoas em admitir e/ou compreender determinados tipos de atitudes como preconceituosas. Apesar de Carolina ter chamado a atenção para os elogios que recebia na escola e para o fato de não se considerar discriminada, mostra-se ofendida com os comentários de uma professora a respeito de suas expectativas com os estudos e com a carreira profissional:

> Quando eu estava ainda na 4ª série eu virei e falei com a minha professora assim... pode ser isso também, né? Na época eu era nova, não analisei bem. Eu falei assim: – Eu vou ser professora igual a senhora. Ela virou e falou assim: "Que... que nada, menina! Arruma

> um bom rapaz e casa". Eu sou tão nova e ela mandando eu arrumar um bom rapaz e casar. Eu vou é estudar. Aí comecei a batalhar. Assim... tentando arrumar um... um... emprego pra trabalhar. *(Carolina de Jesus)*

Não podemos afirmar que a professora de Carolina tenha feito tal comentário pelo fato de ela ser negra, mas Carolina demonstrou entender, apesar de revelar que na época não havia pensado nisso, que a professora a estava desestimulando de cursar o magistério devido a sua condição de mulher negra e pobre. O "lugar" do magistério não seria o lugar para uma mulher negra?

Tal situação possibilitou associar essa passagem da vida de Carolina com uma semelhante vivenciada pelo líder negro norte-americano Malcolm X. Ele foi completamente desencorajado, pelo professor que mais admirava, a seguir a carreira de advogado. O professor dissera a Malcolm que ele deveria procurar uma profissão mais compatível com a sua condição (de jovem negro), sugerindo-lhe diversas profissões associadas ao trabalho manual e braçal, seviços considerados de negro, pela elite branca. Esse episódio marcou profundamente a vida de Malcolm a ponto de ele se tornar um jovem extremamente "rebelde" e desinteressado na escola e, até, abandonar os estudos. Interessante é que isso será retomado pelo líder em fases posteriores de sua vida como um dos fatores que o despertou para uma revolta latente contra a sociedade racista norte-americana. Até então Malcolm, apesar de ter presenciado o assassinato de seu pai por fanáticos da Ku Klux Klan, sentia-se "integrado" no mundo dos brancos.

Para Carolina, o comentário da professora foi encarado como uma provocação, um desafio a ser enfrentado. Carolina não desistiu de seu projeto e começou a trilhar um longo e árduo caminho em busca de seu ideal de tornar-se professora: "aí eu comecei a batalhar". A reação da professora Carolina é uma reação isolada de busca de uma promoção pessoal, profissional e social através do estudo. Mesmo tendo que conciliar empregos cansativos como o de caixa de açougue, Carolina insistiu nos estudos, pois, segundo ela, não queria ser empregada doméstica como a maioria das mulheres de sua família. Sua forma de enfrentar o preconceito sofrido ao longo de toda a sua vida foi o próprio esforço individual.

Vemos que a experiência com a discriminação racial pode trazer diversas formas de reação por quem sofre a agressão. Em determinadas circunstâncias, a ausência de formas mais incisivas ou afirmativas de enfrentamento da discriminação gera posturas e atitudes de silenciamento, recolhimento e submissão. A professora Luíza Mahin narra um fato que a marcou muito na escola:

> Que eu lembro assim alguma coisa, relacionada com cor nessa época, que me marcou, foi um professor de ciências que eu tive na época, chamado José dos Prazeres. Na época esse, apesar dele ser negro também, mas ele era racista. Eu lembro que um dia eu tava rindo na sala, como todos, adolescente, brincando, ele me chamou e fez uma pergunta. Aí eu virei e falei que não sabia, porque eu não sabia nem o que ele estava perguntando, eu estava rindo, brincando lá atrás. Aí tudo bem, passou. Aí continuou falando e eu continuei rindo. Aí ele tornou me chamar atenção, ele virou pra mim e falou assim: "você uma negra, devia ter vergonha, invés de estar aí rindo, mostrando o tanto que você é burra, você devia estar prestando atenção" (...) Então isso eu achei pesado, isso sim. E a partir daí na escola, me deixou retraída. Porque, depois disso eu sempre lembrava e falava assim: "gente, eu não perguntava nada pra ninguém, porque eu achava que eu ia estar mostrando a minha burrice". Então a partir dessa época, na escola, eu fui a pessoa mais retraída, eu não perguntava, eu não queria saber nada. Por quê? Porque eu ia mostrar que eu tava sendo burra. Acho que assim, esse foi assim o ponto alto *(professora Luiza Mahin, grifos meus).*

Luíza explica o seu silêncio, pois entendera que, de fato, deveria ser "mesmo burra" e que, portanto, o melhor seria permanecer calada. Mais um exemplo dos lugares destinados aos negros na visão daqueles que acreditam na inferioridade do afro-descendente: o lugar de silenciamento, de submissão, de conformismo. Luíza não conseguiu sequer comentar o ocorrido em casa, justificando tal comportamento por seu temperamento mais reservado: "sou fechada em meu mundo". Esse tipo de comportamento pode representar uma das formas mais comuns de reagir ao preconceito: a busca de uma postura que cause menos desconforto para os outros, que não provoque exposição, que a torne invisível, imperceptível. Para que não tivesse que passar por situações dessa natureza novamente ela se cala, e ao calar, encontra uma espécie de escudo protetor. O fato de não fazer mais perguntas em sala de aula foi dimensionado, por ela, como a atitude possível naquele momento diante da violência sofrida. É significativo e revelador o fato de que Luíza não tenha encontrado qualquer tipo de reação por parte de seus colegas, não houve comentários na escola sobre o ocorrido, pelo menos ela não soube.

Para ilustrar essa situação de silenciamento, narro aqui um fato acontecido na escola em que fui diretora durante um período. Uma professora procurou-me, certa vez, dizendo que havia acontecido algo desconcertante em sua turma de primeira série. Ao perguntar quem gostaria de ser Jesus Cristo na encenação de Páscoa, uma criança negra ergueu os braços se prontificando. Todos os colegas o olharam com estranhamento, houve silêncio, no mesmo momento o menino desistiu dizendo que seria um dos reis magos. A professora disse que não conseguiu fazer nenhum tipo de intervenção. Contou-me isso preocupada com minha reação e com a reação da mãe do aluno que é uma militante destacada do Movimento Negro da cidade. Relatei o caso à mãe, que aguardou durante muito tempo que seu filho lhe contasse o ocorrido, fato que nunca aconteceu. O menino, filho de pais militantes, com nome africano, nunca conseguiu contar em casa o constrangimento sofrido na escola. Jesus Cristo, para seus colegas, nunca poderia ser um negro.

Ferreira (2000, p.72) destaca, em seu estudo sobre a identidade negra, que a "busca de comportamentos socialmente corretos, às vezes de forma excessiva, revela uma luta para suplantar a suposta inferioridade ontológica que essas pessoas são levadas a acreditar que têm". Nesse sentido é que a forma de reação da professora Luíza expressa um pouco a postura que teria por toda a vida frente às relações raciais, de uma certa despreocupação, buscando demonstrar que são questões de importância menor em sua vida. Gomes (1995) e Santos (2001) também identificaram posturas semelhantes à da professora Luíza. Que sentido tem para ela minimizar as discriminações sofridas? Não foi possível apreender dos relatos de Luíza até que ponto atualmente ela conseguiu, de fato, superar a experiência vivida na adolescência. Entretanto, chamamos a atenção para o fato de que o evento narrado não foi o único. Já na fase adulta, quando procurava emprego, sentiu-se preterida três vezes, em vagas que pleiteava, por ser negra. Em nenhum dos casos, tentou buscar explicações para o ocorrido junto aos empregadores, nem sequer procurou algum tipo de auxílio jurídico para garantir seus direitos. A reação que teve em um dos episódios foi de caráter individual sem provocar reparações à discriminação sofrida e soou mais como um desabafo.

Se retomarmos as categorias elencadas por Ferreira em seus estudos, veremos que Luíza se aproxima do que esse autor chamou de estágio de submissão. Luíza se reconhece como negra, identifica as situações de discriminação a que foi exposta, mas não consegue ir além, numa atitude de reação mais incisiva e assertiva. Como na categorização, a professora não acredita que as discriminações, como as sofridas por ela, podem comprometer as realizações materiais e sociais das pessoas negras. Atribui às próprias pessoas a responsabilidade por não ocuparem determinados lugares sociais, como na universidade ou profissões mais bem remuneradas:

> Agora eu sou contra algumas coisas que tão por aí. Tipo vaga de negro na universidade. Eu sou totalmente contra por um detalhe. Eu acho que quando um negro quer, ele tem mais dificuldade, mas ele chega lá. Eu cheguei, você chegou. Nós batalhamos muito mais. Agora, quando eu separo vaga pra quem é negro, eu estou falando que o negro não tem a mesma capacidade de um branco, de lutar pelo que ele quer. Então nisso aí eu estou ajudando que o negro seja mais malandro. Já que eu tenho uma facilidade a mais, eu vou fazer corpo mole. E isso tem muitos que fazem. Eu não concordo, não sei se eu estou errada, mas eu não concordo com essa ideia que o negro tem que ter vantagens especiais pelo fato de ser negro. Se ele está tentando provar que ele é igual ao branco, por que essa discriminação? Isso para mim, isso sim é discriminação *(Luíza)*.

Luíza refere-se ao esforço pessoal, comum a si própria e às suas irmãs, que apesar das dificuldades, têm curso superior e certa estabilidade econômica. Esse esforço, segundo ela, é herança de seus pais que sempre incentivaram os estudos dos filhos. Ela valoriza os pais, mas não destaca a identidade negra dos mesmos e sim o seu esforço pessoal. Vemos aqui como é complexo e difícil o caminho de construção da identidade negra e do próprio processo de desnudamento do racismo e suas incidências em nossa sociedade.

Deslocando-se no tempo – a "mudança por dentro"

> *"A construção da identidade é na verdade um exercício político ligado a um contexto social e a um momento histórico"* (FERREIRA, 2000 p. 108).

Saber-se negro não é suficiente para compreender, com profundidade, que brancos e negros não possuem as mesmas condições de existência na sociedade. Mesmo porque as formas como se dão as relações raciais no Brasil apresentam-se ambíguas, havendo situações em que o racismo incide de maneira camuflada. Algumas pessoas passam por situações conflitantes e até traumáticas para que ocorra uma transformação na forma de ver a realidade. Ao se tomar consciência da existência do racismo em suas vidas, os professores desta pesquisa passaram por processos de reconstituição de sua identidade, fazendo uma volta no tempo para compreender o passado e o próprio presente. Passado e presente se entrecruzam nos caminhos de busca dos significados de ser negro.

Em dois casos particulares, os professores tiveram que passar por algumas situações bem conflitantes para terem noção da dimensão das consequências de ser negro no Brasil, consciência que teve seu ponto alto na fase adulta de suas vidas. A partir da mudança crucial em relação à existência do problema das relações raciais, retomam seu próprio passado, avaliando situações e vivências que não tinham percebido como discriminatórias. Há uma reelaboração do tempo, pois o vivido no presente ajuda nas interpretações do passado e, antes mesmo que se possa evidenciar alguma mudança externa, inicia-se um forte e significativo processo de mudança interior. As descobertas da crueza do racismo e de suas consequências na vida particular de cada professor são recebidas como uma verdadeira avalanche de revolta, ressentimento, tristeza, depressão e busca de outros caminhos existenciais.

O caso do professor Luiz Gama é o mais emblemático desse percurso de elaboração do tempo, com relação à experiência com a discriminação, levando-o, depois de um longo período, a alcançar uma percepção mais evidente da conflitualidade vivida. Recorda-se que, além dele, só havia mais dois estudantes negros que também tiveram que abandonar o curso de Medicina, quando aconteceu um episódio marcante. Luiz relata que o professor de Anatomia da instituição aconselhou-o a não fazer a prova com ele, pois poderia prejudicá-lo. Luiz, no entanto, não entendeu a postura do professor, sentiu-se incomodado com seu comentário, mas não questionou, procurou outro com quem pudesse fazer a prova.

No percurso de Luiz, ele se defrontou com uma série de situações que podemos identificar como preconceituosas e que, com o passar do tempo, foram fazendo sentido em sua mente. Durante o tempo em que fazia o curso pré-vestibular Luiz fala do agrupamento existente entre os jovens negros para estudarem:

> Que acontece? Que os negros dali, que os seis negros ficam juntos, de repente esses seis negros montam um grupo de estudos e estudam juntos e alguns deles têm amizade e mantêm a amizade até hoje. O que aconteceu? Então provavelmente existiam coisas de cunho discriminatório, racial forte ali que fizeram com que esses seis negros se ajuntassem, não é? Embora não seja algo pelo menos explicitado (ênfase nessa palavra) em nenhum momento na conversa nesse grupo. (grifos meus)

Luiz parece intuir que poderia ter havido algo de cunho discriminatório, mas não relata se de fato eles se sentiam discriminados, o termo *provavelmente* demonstra que essa reflexão dos motivos por que seis jovens negros se agrupavam para estudar, parece que se deu em um momento posterior no qual ele vai juntando as peças do quebra-cabeça de sua vida.

O fato de ter passado a infância e adolescência sem ter consciência do racismo o impediu de ver que poderia ser discriminado por ser negro. De acordo com Barbosa (1987), enquanto os pais negros mantêm os filhos numa espécie de casulo, protegendo-os para que não vejam o problema do preconceito racial, isso não ajuda na tomada de consciência. Segundo Barbosa, para a consciência emergir é necessário que haja conflito, não existe processo de construção da identidade fora desse conflito. Nos momentos de embate, as pessoas vão estabelecendo a diferença entre "nós" e "eles", entre o "eu" e os "outros".

No caso dos alunos negros que se reuniam no cursinho, sem que a questão racial aflorasse, podemos recorrer aos estudos de Goffman (1989), em *A representação do eu na vida cotidiana*. De acordo com esse autor, existe um jogo de interações que se dá a partir do que cada um representa e se vê no outro. Existe uma percepção entre as pessoas sobre quem são e sobre quem são os outros que as levam a se agruparem. Mesmo que nessa percepção ainda não esteja presente um componente conflitual, no sentido da relação com o outro grupo (no caso os demais alunos da sala), já existe uma percepção tal que faz com que os alunos negros se agrupem. Nesse jogo de interações, os alunos negros podiam até não ter uma percepção suficiente dos motivos que os levaram a se agruparem, mas já tinham um componente de identificação do grupo. Porém, de acordo com Luiz, os alunos negros do curso pré-vestibular não falavam da questão racial.

Luiz só consegue compreender essa interação com o passar dos anos. A partir de uma incursão no passado, recolhendo, revendo, analisando elementos que possibilitavam a ele trazer as questões ao presente. Segundo o professor, ele começou a se dar conta da questão a partir de leituras que realizava antes mesmo de chegar ao problema do racismo: "essa afinidade, aí é que tá, essa afinidade hoje até eu consigo perceber o componente racial da questão da identificação, mas não era a tônica que orientava a união".

Fica evidente, aqui, esse movimento de reconstrução do passado que é próprio da história de vida. Uma narrativa em que o sujeito que fala na entrevista não é mais o sujeito a que está se referindo no passado. Em seu depoimento, Luiz vai ao passado e traz a questão para o presente. Portanto, quando fazia o pré-vestibular, ele não sabia o porquê de os negros da sala se reunirem para estudar. Esse tipo de comportamento é típico de uma sociedade na qual o racismo se apresenta de forma camuflada. Luiz expressa sentimento de revolta relacionado ao período de sua vida que esteve na faculdade de Medicina. Mistura o desgosto com a universidade à sua condição social, ao bairrismo, pelo fato de ser um paulista numa universidade do Rio de Janeiro e recorda o fato marcante com relação ao professor de Anatomia. Para Luiz, tudo se mistura. Como compreender, na época em que se deu, que aquela agressão sofrida em um dia de prova poderia ter-se dado pelo fato de ser negro?

> É, eu acho que fui o terceiro a desistir já numa condição extremamente detonada porque a questão da relação lá era lixo, a relação dentro da faculdade de Medicina e a Universidade de Vassouras no Rio de Janeiro, outro estado, porque eu era de São Paulo, né? Então era o estado e... era outra coisa, convivência, entendeu? Vassouras é... Era meio elitizada mesmo. E... lá eu lembro o que mais marca assim era eu chegar, por exemplo, pra fazer uma prova de Anatomia e o professor ser ético comigo, ele olhou na minha cara: " Se você fizer essa prova comigo eu vou prejudicar você, eu recomendo que você faça prova com outra pessoa". Nessa época eu tinha dezessete pra dezoito anos, nunca tinha ouvido falar de... eu não tava preparado pra ouvir isso assim *(professor Luiz, grifos meus).*

Vemos que Luiz usa a expressão *ético*. Para Luiz, o fato de seu professor ter assumido suas limitações com relação a seu aluno (por preconceito racial talvez) faz com que ele tome a atitude do professor como ética. Possivelmente, esse sentido ético atribuído por Luiz se deva ao fato de que, diante de um contexto no qual existe uma dificuldade latente em assumir o preconceito racial por parte dos brasileiros de forma geral, alguém que tenha a coragem de explicitar tal conflito tem sua postura encarada como ética. Por outro lado, o fato de colocar esse conflito como um obstáculo para o exercício da profissão docente faz-nos questionar a dimensão ética da atuação do professor enquanto tal. Nesse sentido, o professor de Anatomia fugiu da interação com seu aluno, denotando a negação do outro, e o fato de uma pessoa explicitar seu preconceito não pode ser tomado como uma atitude ética. Se compreendermos a justiça como um dos componentes da ética, temos que considerar que "o principal elemento formal é a chamada regra de justiça: dar tratamento igual a seres essencialmente semelhantes" (OLIVEIRA; CANEN; FRANCO, 2000, p.121). No caso, o professor conferiu tratamento desigual a um aluno, supostamente por ele ser negro, não considerando aí que a semelhança essencial entre as pessoas é sua humanidade.

Mas é conveniente perceber que Luiz diz algumas coisas que denotam o seu incômodo em querer admitir que o ocorrido na faculdade de Medicina tinha motivações de cunho racista, mostra-se surpreso com a possibilidade de que alguém pudesse ser tratado de maneira diferenciada por ser negro. Num momento em que não tinha consciência de que o racismo poderia introjetar nas pessoas a ideia da inferioridade racial, tal postura poderia significar a culpa por seu fracasso.

Nota-se que foi muito denso o processo que levou o professor Luiz a perceber a forma como a discriminação foi vivida por ele. Talvez a necessidade de explicar por que não via o preconceito faz com que ele elabore um discurso perpassado de ambiguidades, demonstrando um processo de permanente reelaboração. Assistimos a uma carga emotiva que não se desfaz, nem mesmo com a evidência do presente. Quanto mais consciência no presente, mais perplexidade com a experiência do passado.

> Por que ele falou isso pra mim? Ah... Eu tenho as minhas desconfianças... Primeiro pelo interesse na universidade, segundo por causa da questão racial dele mesmo, né? Ele não *era* um negão, (risos) na universidade não tinha negão, tinha um professor negão. Ah... o resto era um cara de Bioquímica que eu lembro. E esse cara aí, esse cara que implicou comigo, esse cara da Anatomia ele era um cirurgião plástico, lembro que olhei pra ele assim fiquei sem entender nada porque a prova lá, você fazia entrevista com seis professores da cadeira em uma das provas as outras eram escritas e... Eu lembro que depois disso o que eu fiz? Eu troquei o professor. Mas ficou aquilo, por que que esse cara falou isso, o que eu fiz? Foi sem querer, eu sou aluno, eu sou cento e quarenta e seis, eu não

> entendi nada disso, eu não entendi. Depois a gente desconfia, mas... Tem uma coisa, tem... naquele estágio eu ainda não tinha essa estrutura não, eu não tava preparado pra nada disso *(professor Luiz, grifos meus).*

A sua imaturidade, aliada a uma trajetória de infância e adolescência que não lhe permitiu elaborar mais criticamente as questões raciais, conduziu Luiz pelos caminhos da imprecisão, da dúvida, do choque, demonstrando hesitação: "nunca tinha ouvido falar de... eu não tava preparado pra ouvir isso assim". Quando Luiz recorreu ao diretor da faculdade pedindo-lhe uma bolsa de estudos, este mostra-se irredutível e dá a seguinte resposta para Luiz: "se você não tem condições de estar aqui é melhor que você não esteja", como se quisesse dizer que aquela faculdade não tinha lugar para negro, não era o lugar que o negro tinha que ocupar. Mas Luiz não vê dessa forma, pois, naquele momento, a questão econômica teve para ele um peso maior que a questão do preconceito.

A trajetória escolar dos negros confirma a própria trajetória de Luiz: a maioria dos estudantes negros universitários está concentrada em instituições privadas. No entanto, Luiz chama a atenção, em diversos momentos de sua narrativa, para o fato de que se distinguia dos outros colegas de turma. Assim ele vai construindo uma imagem de diferença. Enquanto estava na faculdade de Medicina, ele não percebia a diferença; já na faculdade de Química ele se diferencia dos outros. É um processo de construção de sua identidade: em meio aos semelhantes ele se vê como melhor que os outros. Mesmo tendo que trabalhar como lavador de carros para pagar a universidade, ele constrói para si uma visão positiva e diferenciada. Como foi visto, o esforço quase sobre-humano para provar a competência é característico das pessoas negras em processo de ascensão social. Nos estudos sobre professores negros, são recorrentes os depoimentos nessa direção, principalmente quando se trata de professores do ensino superior. Mas, talvez, seja a partir dessa postura de autoafirmação que Luiz tenha conseguido dar um passo adiante na travessia para a tomada de consciência, pois em momento algum atribui uma dimensão pessoal à situação por ele vivida, não se culpa por seu "fracasso". Isso o diferencia de algumas das entrevistadas para quem a dimensão pessoal era decisiva tanto para o "sucesso" quanto para o "fracasso" por elas vivenciados, especialmente, para as professoras Carolina e Antonieta.

Na infância e na adolescência, como morador de uma região de bairros populares de São Paulo, a condição econômica e social diferenciada do restante dos moradores colocava Luiz em uma posição de destaque muito grande, embora tenha se referido ao constante contato com crianças e pessoas de uma condição social abaixo da sua, a condição racial não era evidenciada. Vemos aí o peso da ideologia, segundo a qual, "basta ao negro ter dinheiro para que a raça fique invisível". Somente na fase adulta, e em uma condição totalmente diferente da que viveu na infância e adolescência, é que Luiz começaria a perceber as relações raciais sob um outro ponto de vista. A reelaboração de sua identidade a partir da possibilidade de compreensão de seu passado é a marca da tomada de consciência de Luiz. A desmistificação das relações raciais iniciou-se a partir do contato com um colega militante do Movimento Negro que, através das dúvidas que colocava sobre as situações vividas por Luiz, potencializou nele um movimento de reconstrução de sua identidade negra. De jovem de classe média, alienado em relação aos problemas da população negra, passou a militante da causa antirracismo.

A dimensão do choque sofrido por Luiz, por ter tido que abandonar os estudos de medicina, é o que o faz sair do lugar e tomar consciência de que ser negro no Brasil pode significar, também, a destruição de sonhos e projetos de vida. A partir daí, Luiz retomou seu passado e, na condição de um jovem negro inconformado, vai a fundo nas questões raciais. Passa a ler sobre o tema e a frequentar reuniões do Movimento Negro. Começa a refletir sobre as razões que o haviam levado a sempre se relacionar com mulheres brancas; de não ter visto o lado "negão" de seu pai que tinha uma postura de mostrar que era negro, mas havia conseguido uma vida melhor por seu próprio esforço; a postura de sua mãe no enfrentamento com policiais, quando esses questionavam o fato de o marido, um negro, estar dirigindo um carro conversível. Passa a ter embates com seu pai, pois suas posturas com relação às questões raciais se diferenciam. Luiz estava iniciando um processo de militância e de contestação aos valores burgueses, caminhando em uma outra dimensão de luta antirracismo e de Movimento Negro. Uma linha em que não se pretende ser como os brancos e sim ter os valores da cultura e da história dos negros reconhecidos, em que não seja necessário enbranquecer-se para ser aceito no mundo social, mas na qual é necessário recorrer às raízes históricas, culturais e estéticas para reafirmar uma outra forma de ser negro. Luiz pensa, inclusive, sobre os motivos que o impediam de compreender a questão racial numa perspectiva mais crítica, e ao comentar sobre os questionamentos que seu colega de Movimento Negro lhe fazia, Luiz faz a seguinte reflexão:

> O racismo é..., o racismo ele é, às vezes, é uma coisa tão dura que quando você começa a descobrir você tende até a negar, dizer que não existe. Só de pensar que uma pessoa tentando submeter você a uma coisa tão baixa, tão... Tão né, porque na verdade ele desumaniza uma... eu acho que eu sinto um pouco assim, eu acho que é desumanizador, acho que a ideia de não tratar como igual a questão do racismo, acho que é um pouco isso, né? *(professor Luiz, grifos meus)*

Os processos vivenciados por Luiz mostram que não existe um momento único na vida das pessoas que as faz tomarem consciência do racismo. Não bastou a ele ser negro, nem ter sofrido discriminações. Foi preciso ver-se em uma situação de extrema angústia motivada por questões econômico-sociais e o abandono do sonho de ser médico para que pudesse receber as provocações e questionamentos feitos por seu colega como uma possibilidade de compreensão do que lhe havia acontecido. Se compararmos a situação vivida por Luíza, também discriminada na escola e na faculdade, veremos que ela não tomou os mesmos rumos de Luiz. Mesmo recebendo convites de seus colegas negros de classe para participar de reuniões do Movimento Negro, ela se recusou a participar. Explica sua postura por considerar-se alienada, desinteressada por questões políticas. No entanto, o contexto histórico-político vivido por Luíza é diferente daquele vivido por Luiz. Enquanto este último inicia sua participação no Movimento Negro num momento pós-constituinte de 1988, quando os movimentos sociais experimentavam uma nova fase da sua história, o período vivido por Luíza na universidade coincide com a ditadura militar e com as proibições de qualquer tipo de participação política que ferisse os princípios da doutrina de segurança nacional. Para alguém como Luíza, que havia passado pelo trauma de ser agredida por um professor que atribuiu posturas negativas a sua condição de negra, participar de reuniões de movimentos sociais no período da ditadura militar poderia soar como algo perigoso, ou poderia trazer complicações que ela não gostaria de vivenciar. Já lhe bastava a "complicação" experimentada na adolescência, quando, por não saber responder a uma pergunta, seu professor a chamou de burra.

Outro exemplo que podemos tomar como forma de construção da identidade através da reelaboração do tempo é o da professora Maria, que também se deu conta da questão racial já na fase adulta. Experimentou o preconceito racial pela primeira vez quando foi fazer estágio em uma escola estadual. Um aluno branco da turma disse que não gostava de preto, dirigindo-se a ela. Maria não deu muita importância a esse fato, mas sofreria discriminação novamente quando iniciou sua carreira em uma escola da rede municipal de ensino cuja diretora fez de tudo para que ela não ficasse na escola. Na época, Maria pensou que estava sendo discriminada pela forma como se vestia, pois nessa escola todas as professoras se vestiam em padrões diferentes da sua simplicidade. Para Maria, compreender que estava sendo discriminada porque era negra ainda não fazia parte de seu universo de pensamento. Como filha de casal inter-racial, nunca soube que era negra e nunca havia pensado na possibilidade de ser discriminada por isso. Em sua casa não se conversava sobre essas questões e Maria sentiu-se protegida por sua família durante um bom tempo.

Na fase adulta, assim como Luiz, Maria iria se deparar com as sutilezas e crueza do racismo. Isso foi traumático para ela, que começou a experimentar um misto de revolta e culpa por ter vivido alienada durante tanto tempo. Angústia, depressão, isolamento, estranhamento e solidão são os sentimentos que ela nos transmite durante a entrevista. O início da tomada de consciência de Maria se deu quando, numa de suas primeiras participações nas reuniões do movimento indigenista, duas colegas lhe chamam a atenção para o caráter discriminatório da distribuição de papéis entre os membros do grupo. Segundo ela informa, "fulano de tal vai andar com a imprensa, fulano de tal vai fazer isso, fulano de tal fica com aquilo, Maria com a recepção, fulana e sicrana na cozinha. Foi uma coisa, sabe? Uma coisa assim. E elas chiaram, né? "

Nesse momento, a postura inicial de Maria é de negação, em seguida começa a refletir sobre o acontecido e a estabelecer ligações com o que tinha vivenciado até então. Inicia, assim, sua travessia para assumir-se negra com todas as implicações que isso pode causar; assumir-se comprometida não só consigo mesma, mas com um coletivo de pessoas que, assim como Maria, são tratadas de forma desigual. Suas colegas questionam com ela o lugar que lhes é reservado dentro de uma organização do movimento indigenista: aos brancos, tarefas de relações públicas e recepção de convidados; às negras, tarefas de limpeza e cozinha. Maria reluta em querer aceitar o racismo como algo que permeia as relações sociais, mas, como se estivesse voltando a ver após um período de cegueira, retoma o seu passado e as suas experiências:

> Eu até relutei, sabe? Falei: – não, eu não acho que isso existe. E aí elas falaram "ah, já faz bastante tempo que a gente percebeu". E aí eu fui pensar na vida, pensar, sabe? Pensar que você entra nas escolas, e aí eu já tava dobrando em um monte de escolas, aquela coisa. Assim, comecei a perceber, gente, a maioria dos professores são assim, a maioria das serventes são assim, a maioria dos mendigos tem essa cor, sabe? Eu comecei a perceber isso, e acho que aí que eu descobri que eu era negra, eu descobri aí nesse momento, eu acho. Assim, e de ver que na verdade eu sou negra dependendo de onde que eu tô, sabe? Eu falei: gente,será que a vida inteira eu andei com pessoas brancas pra servir de muleta pra mim? *(Maria, grifos meus).*

Talvez para uma pessoa que durante parte de sua vida sentiu-se como branca seja mais difícil deparar-se com a realidade do racismo. Como Maria nos fala, dependendo do lugar, e, acrescentamos, da situação, ela poderá ser tratada como branca ou como negra. De acordo com Munanga,

> no Brasil, a classificação racial dá ao mestiço uma posição e um lugar que nada tem a ver com as classificações norte-americana e sul-africana (...) trata-se de uma classificação racial cromática, ou seja, baseada na marca e na cor da pele, e não na origem ou no sangue como nos Estados Unidos e na África do Sul *(MUNANGA, 1999, p.118).*

Para esse autor, no Brasil, quanto mais clara for a pele de uma pessoa, mais ela poderá se passar por branca, principalmente se a isso se associar uma posição social favorável. Maria compreende, portanto, que em muitos momentos de sua vida será considerada branca. Mas também recordará fatos em que, supostamente, tenha sido tratada de forma diferenciada por ter sido vista como negra. Ela se recorda das expressões usadas por um namorado sobre o seu cabelo, das vezes que procurou emprego e que sempre lhe ofereciam serviços de faxina, da forma como era tratada por algumas colegas brancas com excesso de zelo, demonstrando uma espécie de compaixão. A partir de si própria, Maria também passa a refletir sobre os lugares ocupados pelos negros, lugares esses de inferioridade em relação aos brancos. Observa a presença minoritária de negros em alguns setores e chega a se revoltar com sua falta de percepção dessas questões por tanto tempo.

Durante a entrevista, Maria pareceu ser uma pessoa extremamente inquieta com a sua condição existencial e com a própria situação de desigualdade da população negra. Também demonstrou estar procurando um lugar para se "sentir em casa":

> Não dava mais pra morar na casa do meu pai. Queria, sei lá, criar raízes. Eu estava com uma necessidade de raízes mesmo. Precisava comprar uma casa, vou, vou lá ter filhos. Tentei namorar. Tentei ter alguns filhos. Todos os homens negros que eu paquerei, foram todos canalhas comigo (risos). Todos. É uma pena. Que tem muito poucos para as mulheres negras. Que claro que tem alguns que são muito interessantes, né? Assim... solteiros, tava a fim de ter um filho assim, nossa, que legal. Mas eu queria uma família, um modelo de família que eu tinha na minha cabeça. Mas, um companheiro negro, um...Sabe? Uma filha negra. Eu imaginava eu fazendo trancinhas nela, essas coisas que passam pela cabeça. Mas, enfim, não rolou, e assumi

> um pouco mais, comecei a fazer essa discussão racial. Me aproximei um pouco do Rodrigo[9], que é, que era vereador lá nessa região que eu trabalho .... E assim foi muito legal, ter ido falar com ele nessa época. Porque eu cheguei muito sem referência, mas eu cheguei sabendo o que eu queria. Sabe? Eu quero encontrar a minha família assim. Quero lutar pelos meus pares, quero estar fazendo essa discussão, quero me colocar. Quero assumir isso. Assim, sentido assim racial, e aonde eu for eu quero estar falando sobre isso, quero denunciar, quero interferir. *(Maria)*

Antes e depois de sua passagem por outros estados brasileiros, por força da militância no movimento indigenista, Maria procurou integrar-se a grupos do Movimento Negro, como MNU e Coletivo de Mulheres Negras, no entanto, não permaneceu em nenhum. Sente necessidade de compartilhar suas angústias e projetos políticos com um grupo de referência, mas parece que ainda não encontrou, de fato, um lugar que a satisfaça em suas expectativas. Maria parece oscilar entre dois daqueles estágios apresentados por Ferreira (2000), está entre o impacto e a militância. Parece estar em busca de suas raízes, de se sentir integrante de uma comunidade ou grupo, de ter laços de pertencimento.

No entanto, mesmo estando em meio a um turbilhão, com sentimentos conflituosos em relação a sua identidade negra, Maria demonstra ser uma professora e uma pessoa extremamente comprometida com a questão racial, principalmente, em sua atuação profissional. Maria tem outras motivações políticas que extrapolam a questão racial, ao mesmo tempo em que esta permeia todas as suas ações e inserções. Para a professora, o espaço do Movimento Negro não se constitui como o único e mais importante espaço de atuação na luta antirracismo. Ela encontra na escola, no sindicato e no partido político a possibilidade de exercitar sua militância.

Seria interessante pesquisar os motivos pelos quais muitas pessoas não conseguem permanecer em entidades do Movimento

[9] Nome fictício.

Negro. O professor Luiz, o único dentre os entrevistados que mantém uma vinculação mais efetiva no Movimento Negro, nos deu uma pista em seus relatos quando afirmou que não permaneceu em alguns por considerá-los muito radicais. Seria o radicalismo dessas organizações o único motivo de afastamento? Ou, talvez, suas estratégias de abordagem e mesmo as formas de atuação política não estejam mais atingindo e/ou conquistando novos adeptos com a mesma potencialidade de tempos atrás? Qual o tipo de expressão da militância política estaria agregando mais pessoas neste século XXI?

De acordo com Gohn (1997), os anos 1990 marcam um tipo de militância bem diferente de períodos anteriores, a militância movida pela paixão, na qual os ideais coletivos se sobrepunham à vida particular. Ao comparar as mudanças entre as formas de militância características de um período anterior ao processo de transformações aceleradas pela globalização da economia e do declínio das utopias socialistas, especialmente, a autora nos apresenta a seguinte interpretação:

> Nos anos 90, os antigos militantes envelheceram, ou cansaram-se, ou tornaram-se dirigentes de organizações, parlamentares etc. E não se formaram novos quadros de militantes. Os poucos novos que seguiram passaram a atuar de forma radicalmente diferente. O *slogan* "o importante é ser feliz" é bastante ilustrativo. Ninguém quer mais sobrepor os interesses do movimento aos de sua vida pessoal, particular. Os militantes olham mais para dentro de si próprios. *(GOHN, 1997, p. 340)*

O caso de Maria é um pouco diferente do perfil de militante dos anos noventa traçado por Gohn. A professora parece desejar justamente um tipo de militância com maior engajamento político, com maior comprometimento, aproximando-se mais desse perfil "apaixonado" que marcou o ativismo dos anos sessenta aos anos oitenta. Talvez por isso, Maria ainda se sinta um pouco sem lugar:

> Quando eu voltei, o coletivo de mulheres tava ainda funcionando, mas já não era mais de uma forma sistemática. Aí eu lembro assim, inúmeras vezes que eu cobrei, pedi socorro mesmo. Assim de pedir socorro, vamos reunir, vamos, a gente precisa, mas não era

> mais isso. Acho que, assim Belo Horizonte tinha mudado. Enfim, as pessoas já tavam por outros caminhos, e já não cabia mais. Porque eu lembro que me disseram assim: "– oh, já não cabe mais essas reuniões toda semana, a gente se reúne só quando é alguma coisa emergencial". E eu precisando, querendo, sabe? Assim, um grupo pra sentar... discutir, falar. Bom, comecei a fazer trabalho individual, mesmo. *(Maria).*

Não encontrando o modelo esperado de organização que pudesse acolher suas angústias e ideais, Maria faz a opção por realizar um trabalho individual, e a escola foi o local privilegiado por ela para realizar suas intervenções. Nesse momento, já tem definido para si mesma que a questão racial é prioridade em sua vida e nas suas atuações políticas e pedagógicas. Em momentos anteriores, a causa indigenista é que era o foco de suas preocupações e ações. Chegou a ser questionada por sua opção. Maria relata que seus companheiros das organizações indigenistas sempre lhe perguntavam por que ela não atuava no Movimento Negro. A professora ficou surpresa ao constatar que nessas organizações quase não havia pessoas negras e pairava sempre essa cobrança de, pelo fato de ser negra, ter que militar no Movimento Negro. Assim, as diversas possibilidades de inserção social e política a que as pessoas têm direito e acesso em momentos circunstanciais de suas vidas são desconsideradas.

Para que a questão racial se tornasse uma prioridade em suas ações, foi preciso, para Maria, passar pela atuação em outro tipo de movimento social, sofrer uma série de discriminações e preconceitos por sua condição de mulher e negra, passar pela crise de um relacionamento inter-racial para descobrir com mais ênfase a sua condição de mulher negra. O retorno a Belo Horizonte pode ser tomado como uma busca de suas próprias raízes, não no sentido ancestral de raízes africanas, mas suas raízes de pessoa negra que tinha que se posicionar com relação às desigualdades que atingem um enorme contingente populacional. Apesar de optar por realizar um trabalho mais individual, como diz Maria, ela tem um compromisso político com um coletivo de mulheres e homens negros na sua luta por dignidade e reconhecimento.

A travessia, a passagem de Maria expressou-se por um entrelaçar de contextos que foram se configurando num tempo e espaço não lineares. Na construção de sua identidade negra, Maria moveu-se por tempos diferenciados partindo de sua fase adulta e repensando sua infância e adolescência, movendo-se também por espaços sociais e geográficos diversos para dar início ao processo de reconhecimento de si mesma enquanto mulher negra, integrante de um grupo extremamente inferiorizado por um racismo estrutural presente em nossa sociedade.

Deslocando-se no espaço

> *Na realidade, o espaço não se define unicamente pela materialidade territorial, mas também por sua construção, sua organização, sua disposição e suas inscrições. Portanto, o espaço não é somente um lugar geográfico. É também, e, sobretudo, uma rede relacional com representações coletivas que permitem aos membros de uma coletividade dar às características de seu espaço significados reconhecidos de maneira geral* (D'ADESKY,2001, p.54).

Assim como o tempo se configura como um eixo fundamental nos processos de constituição da identidade das pessoas, o espaço, também, exercerá influências na forma como os sujeitos pensam de si mesmos e dos outros. Com relação a identidade negra, dependendo do lugar onde a pessoa mora ou transita, ela poderá colher elementos diversos a respeito das relações raciais e formas de compreender esses processos.

Parece-nos óbvio que as relações sociais numa pequena cidade do interior podem mostrar-se completamente diversas das de um grande centro urbano. As possibilidades de alargamento das relações interpessoais, acesso a fontes de informação, contato com movimentos sociais, manifestações culturais e políticas são bem maiores numa metrópole. No entanto, a cidade se expressa como um espaço de segregação em diversos sentidos, tanto social como racial. Nos grandes centros urbanos já são comuns os condomínios fechados, cercados de imensas muralhas, como forma de proteção das elites frente aos "perigos" da violência urbana .

A segregação constitui-se como um verdadeiro *apartheid* social e racial, revelando as imensas desigualdades presentes no nosso universo social. O contraste dos condomínios fechados e universidades, constituídos de um público de brancos, em sua maioria; e as vilas e aglomerados, são exemplos desse *apartheid.* No entanto, a experiência de Antonieta nos dá uma indicação interessante: foi na metrópole que ela teve ocasião de experimentar outros tipos de convivência. Apesar da complexidade do espaço urbano, ela encontrou um maior número de pessoas negras transitando por diversos lugares e também pôde se relacionar com negros e brancos de uma forma diferente da que estava acostumada no interior.

A possibilidade de experienciar outros tipos de relação sem tanta rigidez aparente nas relações sociais, pode apresentar-se para algumas pessoas como uma oportunidade de refazer conceitos, questionar mitos, modificar valores, refazer-se enquanto pessoa. Os espaços podem ser tanto geográficos como sociais. No caso da pesquisa com professores negros pôde-se constatar que a mudança de espaço geográfico (de uma cidade para outra, de um estado para outro) pode modificar a forma como cada pessoa pensa a sua própria identidade negra e as relações raciais.

Antonieta nos apresenta um exemplo significativo de como passou a ver com outros olhos as relações entre brancos e negros. A forma como o universo urbano se configura, permitindo a existência de diferentes posições e diferentes possibilidades de inserção cria outras possibilidades de convivência. Ao sair do interior para estudar em Belo Horizonte "para mudar de vida", como ela mesma disse, depara-se com outras formas de relacionamento entre as pessoas, diferentes das experienciadas em sua cidade natal. No interior, o contato entre negros e brancos era hostil, demonstrando a existência de uma rígida hierarquia. Os negros eram tidos como incapazes e feios, nas palavras de Antonieta. As crianças negras nas escolas experimentavam um verdadeiro apartamento, isoladas em seus cantos, sentiam-se mal dentro do espaço escolar, eram ignoradas pelos próprios professores que, não só não intervinham nas situações de violência racial, como não investiam nos processos de aprendizagem dos alunos negros, reforçando, desse modo, um ciclo de descaso e fortalecimento dos preconceitos raciais.

É fundamental tomarmos o exemplo da professora para procedermos a uma reflexão sobre a importância do alargamento dos espaços e oportunidades de convivência, e também como essa possibilidade de conviver com iguais e diferentes amplia as condições necessárias tanto para pessoas brancas quanto negras e de outros grupos raciais.

Antonieta faria um outro tipo de travessia em sua vida, ao vir para a capital mineira, onde não sente que os preconceitos são menores, mas onde ela poderia ter outras bases de convivência:

> Vim morar em Belo Horizonte, e... então no Ginásio essa coisa veio melhorar um pouco não no sentido de ter reduzido o preconceito ou acabado, mas no sentido de compreender melhor e ter compreendido melhor que não era aquele lugar que eles estavam querendo me colocar, que não era aquele lugar. *(Antonieta)*

Ao se deparar com um número maior de pessoas negras na escola, nas ruas e em outros lugares, Antonieta veria desfeito um mito que, tanto a sociedade de forma geral quanto sua própria família haviam construído: a ideia de que o espaço do negro deveria ser diferente daquele reservado aos brancos. Não havia impedimento aparente para que se criasse a oportunidade real de convivência, os negros poderiam ocupar outros lugares, lugares talvez diferentes daqueles a que estava acostumada a ver em sua cidade: lugares de inferioridade, submissão, conformismo.

> Voltando um pouco mais atrás eu vivia pelos cantos, vivia de cabeça baixa, e convivia somente com meus irmãos, somente não, mas 70% com meus irmãos e com meus primos, então todos negros. Então minha própria mãe, dentro da minha própria casa – "ah não, cê não pode ficar na casa do fulano, não vai na casa

do sicrano, não vai relacionar com outro pra não ser xingado, pra não sofrer". Então a proteção era essa a convivência. E na escola tinha poucos negros sim, eu me lembro de muito poucos, nessa cidade no interior, então éramos os diferentes que ficávamos também de cabeça baixa dentro da sala de aula, no recreio lá no cantinho, no cantinho lá com meus irmãos, meus dois irmãos que eram da mesma faixa etária que eu. Então era assim, sempre, na maioria das vezes mais de 90% a gente mesmo *(Antonieta, grifos meus)*.

A dimensão do tempo também é retomada por Antonieta, não foi de repente que começa a sua mudança. Ela vai observando, refletindo, comparando e voltando no tempo para rever como eram as coisas no interior. É importante ressaltar que, no decorrer da entrevista, Antonieta não parecia muito à vontade para falar de suas vivências em sua cidade, foi preciso retomar esse assunto quando ela passou a falar quase que repentinamente na sua vinda para a capital. Ao dizer que não se lembrava muito bem, transpareceu não querer, de fato, ficar recordando uma época de sua vida que foi de extrema violência. Em Belo Horizonte, pôde melhorar seu aprendizado e aprender não só as coisas ensinadas na sala de aula, mas a se ver como uma pessoa normal. O simples fato de ver mais pessoas negras do que em sua cidade deu a Antonieta uma segurança que ela não tinha, estava no meio dos seus, experimentou, embora não tenha usado essas palavras, o sentimento de pertencimento. Pertencimento ainda que em um contexto de segregação. Mas por apresentar uma maior articulação no trânsito das pessoas, ela pôde percorrer um caminho de reelaboração de sua identidade negra.

Esse sentimento é fundamental para aqueles que se sentem oprimidos em sua condição de ser humano (D'ADESKY, 2001; FERREIRA, 2000), principalmente, para os afro-brasileiros que começam a percorrer caminhos que lhe possibilitaram uma maior percepção com relação à posição do negro na sociedade. Ao ver mais pessoas negras transitando em diversos espaços, Antonieta pôde ver a si mesma e tomar para si a possibilidade de ocupar espaços diferenciados daqueles que acreditava estar reservados aos negros:

> Aí vai passando a idade, com mais clareza, conversando com pessoas, tendo relacionamentos com pessoas ditas brancas então, relacionamentos saudáveis, próximos, que fui desfazendo essa imagem anterior. Então na escola já conseguindo ter amizades que ajudavam a desinibir mais a postura da infância. Então foi uma adolescência não tranquila na escola, mas menos complicada que na infância. Que os resultados... eu não tomei bomba, não fui reprovada, então os resultados eram mais qualificados. À medida que o tempo passava, eu me sentia mais segura, que aí então era uma cidade grande, Belo Horizonte, eu via mais pessoas iguais a mim do que nas escolas lá no interior *(Antonieta, grifos meus).*

A surpresa com o fato de poder conviver com crianças brancas de maneira mais natural revela um outro mundo para Antonieta. Não havia impedimentos reais para que isso acontecesse. No entanto, sabemos que muitas crianças brancas são privadas de conviver com pessoas negras por quase toda a sua existência. Principalmente, se pensarmos naquelas que sempre estudaram em escolas privadas, moraram em bairros elitizados. Seus contatos com negros se darão nas relações de patrão/empregados. Terão negros como jardineiros, porteiros, seguranças, domésticas, faxineiros. Por isso, é comum o susto de muitas pessoas quando veem professor universitário negro, comissário de bordo negro, médicos etc. Acredito que essa espécie de *apartheid* que ainda existe em nossa sociedade impede o pleno desenvolvimento tanto de brancos quanto de negros, indígenas e outros, pois a convivência com a diversidade é frutífera para os processos de construção de conhecimento e de construção da personalidade das pessoas. Esse tipo de "convivência" apartada é maléfica para toda a sociedade.

Vislumbrar essa possibilidade de convivência inter-racial se faz fundamental, principalmente no momento em que a implantação da política de cotas nas universidades se tornou um dos grandes debates da atualidade brasileira, e o estreitamento das relações entre brancos e negros é um dos argumentos valorosos na defesa de tais políticas. Para Carvalho:

> É fundamental que jovens brancos e negros acompanhem juntos seus cursos e possam misturar suas biografias individuais, até agora tão distantes, uns aprendendo com os outros a lidar com o abismo

> social que foi colocado entre eles na presente geração de brasileiros. Ao invés das projeções mútuas e dos temores à distância, os estudantes brancos e negros terão que enfrentar concretamente suas diferenças e inventar mecanismos de diálogo necessários para a cooperação que deles se espera se queremos de fato integrar nossa sociedade já altamente segregada *(Carvalho, 2002, p.37).*

Portanto, a oportunidade que Antonieta teve de fazer sua travessia para uma identidade assumida de forma mais positiva é potencializada por seus deslocamentos no tempo e no espaço. Repensa e reelabora seus mitos e verdades no espaço urbano, na convivência com pessoas negras e brancas. A visão mais crítica das relações raciais seria potencializada pelo contato com pessoas e organizações do Movimento Negro e de outros movimentos sociais. Dessa forma, teve mais condições e segurança para ser negra e enfrentar os desafios daí decorrentes. Esse deslocamento no tempo e no espaço para Antonieta foi marcante:

> Então por isso que marca quando fui pro ginásio aqui em BH essa mudança, tínhamos relacionamento com os brancos, com mais brancos, então desmistifico isso, "<u>então péra aí, então a gente não tem que ficar só com a gente não, então pode ficar com o outro, então é possível aprender como o outro, é possível saber como o outro, é possível se falar como o outro</u>" . Então é isso que eu me lembro assim já do ginásio. *(Antonieta, grifos meus)*

Apesar dos semelhantes contextos de segregação, os percursos biográficos podem levar a experiências muito diferentes entre si. Na trajetória de Maria, Luiz e Antonieta, os três conseguiram ultrapassar a vivência pessoal e individual e pensar numa dimensão mais coletiva e abrangente, colocando-se numa posição de identidade mais potente. Podemos inferir que as formas como percorreram os caminhos de construção da identidade podem ter gerado outra maneira de perceber as relações raciais. As vivências com a discriminação e a forma como passaram a encarar essas experiências produziram um tipo de comportamento que não ficou restrito à mera constatação da existência da desigualdade racial. Eles fizeram uma outra travessia que pode ser aqui resumida como uma travessia para um engajamento político com a questão racial.

Mas mesmo esse engajamento foi e é visto e vivido de diferentes formas no contexto escolar.

Carolina e Luíza, ao contrário, não fazem a travessia para uma ação mais politizada com relação à questão racial. Estão numa posição, em um lugar identitário enfraquecido que não lhes permite potencializar a indignação para além do plano pessoal; mantêm-se numa posição mais individual, enfrentando a discriminação no campo pessoal. Podemos retomar aqui as classificações trabalhadas por Ferreira (2000) de submissão, impacto, militância e articulação. Relativizando essas categorias no sentido de não realizar um enquadramento automático, mas, considerando que elas indicam as mudanças que ocorrem nos percursos dos professores, elas nos ajudam a entender as diferentes formas que vão se configurando no curso de vida das pessoas, no que se refere às diversas formas de lidar com as relações raciais no âmbito público e privado. Talvez no caso de Carolina e Luíza, as mesmas se aproximam da fase "em que as pessoas acreditam que as questões étnico-raciais não têm nenhuma relação com a sua maneira de viver, mas de ser a mobilidade social determinada, fundamentalmente pelo esforço e pelas habilidades pessoais" (FERREIRA, 2000, p. 71).

Mesmo que todos tenham enfrentado a discriminação racial, ocorrerão diferentes tipos de posicionamentos frente às relações raciais, segundo Vieira (1999, p. 339), "histórias de vida semelhantes podem produzir atores com diferentes atitudes e posicionamentos face aos mesmos fatos".

A travessia feita por Luíza e principalmente por Carolina (a única com diploma universitário em uma família de domésticas) é de outra ordem, pois atravessam a condição social que é reservada à maioria dos negros tornando-se professoras.

Tornando-se professor

A escolha do magistério como profissão não pode ser considerada aqui como uma escolha, de fato, para todos os professores negros desta pesquisa, pois em seus depoimentos eles não demonstraram que queriam ser professores, como algo pensado e refletido. O magistério surgiu quase como uma consequência na trajetória escolar e profissional deles. Para alguns, foi a única alternativa no ensino médio, uma vez que as outras alternativas, como contabilidade ou científico (sem ênfase profissionalizante), não os seduziam. Para outros, foi quase uma consequência natural o processo de dar aulas. Dois professores começaram a dar aulas antes mesmo de finalizarem a graduação. Nesses dois casos, o contato com a educação acabou conquistando os professores, que passaram a não se verem fazendo outra coisa.

No entanto, nesses dois casos, ambos tentaram outras alternativas. Luiz queria ser médico; diante da impossibilidade de seguir o curso, optou por Química, que era uma das disciplinas em que tinha maior facilidade como opção à medicina. O fato de esse curso ser oferecido à noite também influenciou a decisão de Luiz, pois como trabalhava durante o dia teria que estudar à noite. No caso de Luíza, ela até tentou trabalhar como química em algumas empresas, mas não conseguiu. Para ela as empresas a discriminaram por ser negra. É justamente Luíza que disse ter se apaixonado pela profissão quando começou a dar aulas e hoje não se vê fazendo outra coisa.

Maria, apesar de não ter escolhido o magistério logo no início de seu ingresso no ensino médio, pois passou por um curso técnico, ao entrar no Instituto de Educação de Minas Gerais descobre que tinha vocação para a área de Ciências Humanas. Identifica-se com as disciplinas ministradas, principalmente com Psicologia "para compreender melhor o ser humano". O curso universitário em História foi consequência primeiramente de um certo veio político que Maria diz ter desde cedo e também por influência de uma professora no pré-vestibular. Maria faz uma comparação entre o magistério de 1ª a 4ª série e sua opção por ser professora de História:

> Bom, o magistério de 1ª a 4ª série foi assim, não foi uma coisa, "quero ser professora". Agora, já o curso de História, eu queria ser. Aliás, eu queria fazer o curso de História, não ser professor de História

> também. É... alguma coisa na área de pesquisa, antropologia (...) Então eu estou professora dentro de sala.

Se tivesse tido outras oportunidades, talvez Maria teria seguido outra profissão, mas ao mesmo tempo em que faz esse tipo de comentário, demonstra um enorme apreço por sua profissão. Diz ser referência para seus alunos, principalmente, para os negros e pobres. Explica esse fato por considerar que seus alunos têm a mesma trajetória que ela e também pela identificação por ser negra.

Antonieta fez o magistério justamente porque sua família queria que ela tivesse uma profissão. Tinha na época duas opções de ensino médio profissionalizante: contabilidade e magistério. De contabilidade ela não gostava, decidiu-se então pelo magistério. Quando começou a dar aulas, depois de fazer concurso na rede municipal de ensino de Belo Horizonte, também por influência da família e amigos que alertaram para a segurança de um serviço público, aprendeu a gostar do ofício de ser professora. Antonieta também encontra uma forte identificação com os alunos pobres e negros e, por ver as condições em que esses alunos se encontravam na escola, decide trabalhar com a temática racial logo no segundo ano de sua carreira.

Carolina é a única que desde criança alimentou o sonho de ser professora. Queria ser professora porque achava uma bonita profissão, poderia ensinar seu pai a ler e também porque não queria ser doméstica como a maioria das mulheres de sua família. Quase vê seus sonhos desfeitos principalmente pela falta de motivação recebida de uma professora e pelas dificuldades que encontrou para se manter nos estudos.

No que diz respeito ao estado de Minas Gerais e à cidade de Belo Horizonte, não existem dados precisos que permitam quantificar a presença de pessoas negras na carreira do magistério; entretanto, estudos sobre a escolaridade da população negra demonstram que são poucas as pessoas afro-brasileiras que possuem o ensino médio e menos ainda as que têm curso superior. Queiroz (2001), em pesquisa sobre raça e gênero no ensino superior, chama a atenção para a discrepante desigualdade existente no sistema superior de ensino. Em Salvador, cidade onde foi realizada a pesquisa na qual o contingente populacional de pretos e pardos é maioria, esse grupo é minoria entre os estudantes universitários. Dentre esses, a maioria está presente nos cursos tidos como de pouco prestígio social. Para Queiroz, a pouca escolaridade dos pais dos afro-descendentes é um dos fatores que influencia a opção nos cursos. Quanto maior a escolaridade dos pais, maiores são as expectativas com cursos de maior prestígio:

> Assim a distribuição racial obedece a uma gradação de prestígio e cor, em que a cor mais clara é identificada com as carreiras de mais elevado prestígio e a cor mais escura com aquelas de baixo prestígio (...) aqueles que estão em cursos de elevado prestígio social são predominantemente filhos de pais com escolaridade superior, o que favorece os brancos (...).No ensino superior, constatei que a contrapartida do acesso de mulatos e pretos é a sua inserção em cursos de menor valorização, cuja consequência é o ingresso no mercado de trabalho em espaços ocupacionais de menor importância e de salários pouco atraentes, renovando-se assim o ciclo de reprodução das desigualdades (p.8).

Queiroz constatou ainda que, apesar dos avanços com relação à situação social da mulher no mercado de trabalho, as mulheres se distanciam das carreiras tradicionalmente desempenhadas pelos homens, aproximando-se das atividades do mundo privado, aquelas tidas como "tipicamente femininas" tais como enfermagem, magistério, serviço social, para citar algumas.

Uma das possíveis conclusões a partir do trabalho de Queiroz é que as trajetórias escolares e as escolhas profissionais, quando se considera a questão racial, são condicionadas pela situação econômico-social e pelo pertencimento racial. Homens e mulheres negros e pobres tendem a "escolher" carreiras possíveis para sua condição. Portanto, mesmo que ainda seja pequena a presença de negros na carreira do magistério, talvez seja uma das principais carreiras escolhidas pelas mulheres negras. Se compararmos com outras profissões, em que o negro está pouco presente, temos confirmada uma real desigualdade com relação aos brancos que ocupam carreiras de alto prestígio. Mas se compararmos com a maioria da população negra no Brasil, veremos que a carreira de magistério representa um diferencial com relação ao *status* social. Ou seja, para os afro-brasileiros, ser professor significa atingir um degrau acima do lugar destinado ao negro na sociedade. Constata-se que, se considerarmos a trajetória dos professores desta pesquisa, marcada por caminhos tortuosos com explícitas vivências de preconceito e discriminação, acumulando uma série de dificuldades, inclusive econômicas, eles representam, para o conjunto da população negra brasileira, verdadeiros exemplos. E isso tanto pelo fato de terem uma profissão que lhes permite viver/sobreviver, quanto por possuírem o curso superior.

Assim como Silva (2003), que constatou que, apesar de as professoras negras por ela pesquisadas terem saído do lugar destinado historicamente ao negro, continuaram sendo discriminadas na vida e na profissão, também a autora desta pesquisa pôde constatar que a discriminação racial faz parte da vida das pessoas negras, independente da posição social que ocupam. A todo momento sua competência de estar ocupando determinados lugares é colocada em xeque por aqueles que acreditam que o negro não pode estar em todos os espaços sociais.

O contexto de trabalho dos professores, em alguns casos, mostrar-se-á bastante conflitivo no que se refere à questão racial. Tanto professores negros quanto alunos negros encontrarão um ambiente marcado por silenciamentos, dissimulações onde um racismo camuflado e, em algumas situações, um racismo explícito tornará a escola mais um espaço onde é preciso criar estratégias de resistência e de luta contra a discriminação racial. Em determinados contextos escolares extremamente hostis à discussão sobre as relações raciais, os professores se verão obrigados a recuar, pedindo transferência da unidade escolar ou abrindo mão de realizar projetos mais abrangentes com a questão racial, limitando-se, quando muito, a trabalhos isolados em sua sala de aula. No capítulo seguinte veremos como os professores se posicionam com relação à questão racial na escola e de que forma a escola pode constituir-se como um espaço que possibilita, ou não, uma educação antirracismo.

Capítulo 4

Os espaços de atuação dos professores negros

> *"No interior dos movimentos negros através de suas denúncias contra o racismo, explicita-se um projeto social no qual a escola é 'recuperada' na perspectiva da luta pelo reconhecimento da cidadania dos grupos raciais não brancos, de forma a transformá-la (escola) em um instrumento efetivo de emancipação. Estudar o movimento interno da unidade escolar era e é uma opção política, por excelência, pois recuperá-la na perspectiva da luta racial significa admitir a reapropriação da escola, primeiro, como possibilidade histórica e, segundo, como projeto de transformação social que, em última instância, visa a democratização da vida coletiva"* (Luis Alberto de Oliveira Gonçalves)

O texto dessa epígrafe poderá parecer utópico, mas gostaria de iniciar esse capítulo pensando na possibilidade de, num futuro bem próximo, estarmos melhores do que estamos hoje na luta contra o racismo.

Será possivel concretizarmos o que Gonçalves, no estudo realizado em 1985, nos apresenta como principal questão, isto é, é possível se educar para a igualdade racial em nossas escolas? Essa pergunta poderá nos levar a outras indagações: de que forma podemos educar para a igualdade racial? Como os educadores, de forma geral, e os educadores negros, em especial, podem contribuir para a efetivação desse projeto? Como garantir que as leis que buscam construir uma sociedade mais democrática sejam cumpridas e conhecidas de todos?

Não é minha pretensão dar respostas a essas questões, mas acredito que é necessário buscar pistas que possam nos indicar os caminhos. Analisando os percursos biográficos dos professores negros nesta pesquisa, considero que a experiência pessoal e profissional dos professores pode nos iluminar no sentido de construir um projeto político-pedagógico mais abrangente na perspectiva antirracismo. É nesse sentido que trago o espaço de atuação profissional desses professores como possibilidade de se pensar e repensar a escola realmente como espaço da democracia.

Que contextos escolares foram trazidos pelos professores entrevistados nesta pesquisa? Como eles veem a instituição escolar? Como os alunos negros e pobres são tratados em nossas escolas públicas, na perspectiva desses professores? De que forma as relações raciais se expressam? Seguindo a trilha dessas questões pretendemos chegar à compreensão de como se expressam as relações raciais no percurso profissional desses professores.

No decorrer dos relatos fica evidente que Carolina sofre discriminações permanentemente em seu ambiente de trabalho por parte de alunos e mães, principalmente. O curioso é que na maioria das vezes as atitudes preconceituosas e discriminatórias partem de pessoas "pretas", no dizer de Carolina. Apesar de não desenvolver nenhum projeto ou atividade que discuta as relações raciais com seus alunos, os embates em torno dessa questão são frequentes.

> Um rapazinho chegou perto de mim e falou assim: "Oh professora, eu comprei chocolate, pra senhora fazer uns bombons pra mim. Ele era assim de cor. Aí eu virei e falei com ele assim: " Ó, eu não vou fazer os bombons pra você porque... como que eu vou deixar a sala, pra ir pra cantina fazer bombons?" Tentei explicar pra ele, aí ele começou a chorar. Aí ele falava como se ele fosse branco: "Mais é isso que dá professora preta... não sei quê, não sei quê". Eu falei assim: "Ó, eu não tenho culpa se sua mãe é preta e é chofer de fogão, não. Eu não tenho culpa". Eu não quis ser chofer de fogão. "E além do mais, já tentei explicar pra você que não tem condição d'eu deixar a sala sozinha pra ir lá fazer".

O enfrentamento assumido por Carolina é direto, responde ao seu aluno de uma maneira que demonstra sua compreensão da provocação feita pelo jovem. As demais reações de Carolina diante das situações de preconceito vividas por ela caminham todas nessa mesma direção, de assumir um embate direto com o agressor sem provocar desdobramentos mais consistentes para ela e para a escola. Por outro lado, ao mesmo tempo que Carolina defende a sua dignidade enquanto mulher, professora e negra, não aceitando os preconceitos, demonstra ter uma visão bastante preconceituosa com relação a alguns de seus alunos negros e seus familiares:

> Então, geralmente, a raça negra é a que mais pinta. (...) Que já começa desde pequenininho, desde junto com a mãe, vai deixando solto, né? Já vai... de família... vai... vem lá da família. A mãe não dá uma educação adequada "Oh meu filho, respeita a professora, respeita fulana!" Já o menino larga... o menino vai para rua, vai pra'qui e pra'li. Vai pedir as coisas nas ruas. Vai largando. Então o menino chega na sala de aula e pensa que ali é continuação da casa dele. Eles não percebem que ali é uma escola onde eles têm que ser educados, tem que respeitar as pessoas. Não, já chegam assim... Então... a professora vê que... que é menino que não dá bom rendimento e tá só dando trabalho, ela... ela isola. Por isso que a maior parte também que não... não chega na faculdade também por causa disso. Às vezes por ser levado demais. Porque muitas vezes eu falei com meus alunos negros: "Aqui, ó, você por ser pobre e preto, você tem que dar valor. Não é você ficar aprontando não, menino, fazendo bagunça, não". Eu falava brava com eles, sabe? Estuda, para você ser alguém na vida pra não sofrer. Procura assim... respeitar as pessoas. Porque eu já... quantos pretos aí foram bem sucedidos por ser educados, não é assim aquele... ser submisso, não. Mas também educados, né? Ter educação. Meus pais sempre falam comigo e meus irmãos: "Oh! Educação... Quem é educado acaba em qualquer lugar". Tanto, que eu não sei se... se é por esse lado, mas... um preto educado, estudioso, que não dá trabalho, todo mundo interessa por ele. *(Carolina)*

Vemos, nesse relato de Carolina, a introjeção do senso comum a respeito do desempenho de crianças negras na escola e também uma percepção de que, para o negro ser aceito, tem que ser educado. Parece-me que é uma concepção nos moldes de um padrão preestabelecido: "não ser levado", "não fazer bagunça", "não aprontar", "respeitar as pessoas" etc. Fugir a essa regra de boa educação significa ter "baixos rendimentos escolares", ser "isolado pela professora", "sofrer na vida", "não ser alguém".

Em outro momento da entrevista Carolina compara o comportamento de um aluno negro com o de um aluno branco. Esse último, apesar de fazer muita bagunça, consegue aprender:

> O menino, ele... ele parece alemão, branco, branco, branco. Carinhoso comigo, mas levado também, levado. Mas antes dele fazer a bagunça dele, ele faz as atividades todas. Então ganha dele... do outro preto. O outro preto além de ser levado, bagunceiro, não faz. Então não está aprendendo. Enquanto que o branco pinta, faz as bagunças, mas faz as atividades. Então a gente tolera mais até porque só dele ter interesse de aprender aquilo que você está ensinando. Na hora que você está ensinando ele não faz bagunça, nada. Ele procura escrever, procura fazer tudo certinho. Depois que ele acaba é que ele aí vai fazer bagunça. *(Carolina)*

Carolina incorporou uma ideia amplamente disseminada, e que impede, inclusive, uma maior efetivação de políticas públicas para a reversão das desigualdades raciais: a ideia de que a pessoa negra é a única responsável por seus fracassos. Na visão de Carolina, o próprio aluno negro provoca o desinteresse do professor por sua escolarização, ele é o culpado por não aprender. Mesmo sofrendo uma série de preconceitos, Carolina não ultrapassou a fronteira da ideologia racista e reproduz, ela mesma, atitudes preconceituosas. É possível que o seu percurso biográfico, marcado por tanta dificuldade e persistência para continuar seus estudos, tenha-lhe conferido essa postura de atribuir aos indivíduos negros a responsabilidade exclusiva por seus "fracassos". Pesquisas realizadas principalmente a partir da década de oitenta já demonstraram que existe uma série de mecanismos intra e extraescolares que condicionam o desempenho das crianças negras, com saídas e voltas à escola, e que as condições financeiras das famílias negras interferem na trajetória escolar dos filhos, demonstrando que quanto menor a renda familiar, mais baixo será o rendimento dos alunos negros, se comparados aos brancos.

Desfazer esses equívocos que estão arraigados, tanto no pensamento de Carolina como de muitos professores, implica realizar um investimento maciço na formação de professores, privilegiando-se uma formação que considere uma reflexão mais crítica a respeito das relações raciais e sua incidência na vida das pessoas. De acordo com Vieira (1999):

> Os professores precisam de ter um sentido muito claro da sua própria identidade étnica e cultural, para poderem compreender a dos seus alunos e respectivas famílias e precisam melhorar os seus conhecimentos e atitudes em relação às diferentes características socioculturais dos seus alunos (p.369).

Para o professor Luiz Gama a questão das relações raciais perpassa sua atuação pedagógica extrapolando, inclusive, os muros da escola. Ele realiza um trabalho de preparação para o vestibular junto a alunos das duas escolas em que trabalha, em período extra-escolar. Realiza projetos que abrangem um número maior de alunos e evita tratar o tema exclusivamente em datas já consagradas, como vinte de novembro. Durante o período em que a entrevista foi realizada, uma das escolas em que trabalha estava envolvida com o Projeto Cantando a História do Samba[10].

Luiz estabelece uma forte relação com a sua atuação pedagógica e a atuação política, no que diz respeito à forma como encara o compromisso que tem com os alunos, em geral, e com os alunos negros e pobres, em especial. Retoma inclusive sua infância para explicar por que se identifica e se compromete com esses alunos, além de estabelecer uma constante reflexão a respeito de sua prática e de suas concepções políticas enquanto professor e militante do movimento negro:

---

[10] Projeto realizado por um grupo de pessoas, algumas ligadas ao Movimento Negro de Belo Horizonte, com o objetivo de resgatar e tornar conhecida a história do samba nas escolas.Com várias etapas, desde trabalhos pedagógicos em sala de aula até *show* de culminância, o projeto já foi desenvolvido em diversas escolas da capital mineira e no interior, tendo recebido o Prêmio Educar para a Igualdade Racial em 2002. (CARDOSO; SANTOS; FERREIRA, 2003)

Sabe qual é o meu trabalho aqui? À medida que eu também fui acumulando, e aí sim posso dizer que com o movimento, os estudos, as leituras, os debates, as divergências eu fui também construindo uma posição, um lugar. Assim como eu percebo que eu tenho um significado, que eu vou construindo à medida que eu vou existindo, esse espaço e significado, esse espaço também constrói significado pra mim, né? E eu também vejo lá os iguais, os parceiros, os... Eu vejo tudo isso aqui, eu gosto de ver esse pessoal. Agora, eu gosto de ver esse pessoal também melhorando, à medida que eu vejo as políticas, as coisas acontecendo, esse pessoal sendo cada vez mais oprimido e jogado pra baixo e às vezes eles tão sendo oprimidos e não conseguem mais nem ter... não tem tanta consciência até do modelo que está sendo impresso neles. É... Eu começo, eu vou me reunindo, eu vou me aliando nos lugares, eu vou construindo essa relação. E à medida que eu vou construindo isso eu vou construindo um modelo de reação também, né? E aí sim, o professor lá da escola quando ele conversa com relação à questão do homossexual, quando ele conversa com relação à opressão da mulher (...) E... Então eu vou angariando amigos, e vou politizando, vou dizendo onde pode, onde não pode, vou ouvindo também, ouvindo as discordâncias, vou interagindo, vamos construindo coisa nova aí. *(Luiz)*

As concepções que tem sobre a importância de um trabalho mais efetivo junto aos alunos negros e vindos dos meios populares fazem com que Luiz extrapole os muros da escola e empreenda ações formativas com esses alunos, no intuito de proporcionar maior qualificação para os mesmos. Esse trabalho é permeado não só por um currículo que privilegia os conteúdos escolares tradicionais, mas também uma formação política com vistas a proporcionar aos alunos um maior entendimento das relações sociais, políticas e raciais. Juntamente com um grupo de professores, e estabelecendo parcerias com diversas instituições, Luiz criou um grupo de estudos interdisciplinar voltado para a preparação dos jovens para o ingresso na universidade:

Já tinha mesmo saído com essa coisa mesmo de trabalhar com jovem, então ficava dando palestra, vamos, vamos fazer. E aí surgiu a oportunidade então de organizar esse espaço de estudo, e esse espaço de estudo saiu. Eu ensinaria Química e ajudaria na formação política, levaria pro grupo algumas pessoas para irem lá falar, e ensinar e debater algumas coisas, alguns tópicos especiais, essa era a ideia original. E tornar mesmo grupo de estudos interdisciplinar.(...) O projeto, ele tem duas coisas, uma coisa é a questão da... são três coisas, uma coisa é a questão da formação do jovem negro, oprimido, de periferia, que tem que reagir contra isso; a outra coisa tá ali no âmbito do conhecimento, esse conhecimento oficializado pela escola; a terceira coisa, aí sim, propiciar vivências, ocupar espaços, interagir, levantar a cabeça. E assim eles têm dado retorno disso, retorno positivo. *(Luiz)*

A forma com que Luiz vai constituindo a sua atuação profissional parece estar ancorada na forma como vivenciou determinadas experiências e as significou; seu percurso biográfico marcado por uma série de momentos críticos e a convivência com diversas pessoas impuseram-lhe uma atitude reflexiva e crítica com relação à sua própria história e à realidade vivenciada por seus alunos. Luiz não adota uma postura de conformismo, pelo contrário, assume também para si a responsabilidade com a transformação das relações raciais, aproximando-se de uma postura que visa transgredir a ordem. A transgressão é a forma de resistir, subvertendo os efeitos da instituição, não só dando a palavra ao outro, mas fixando o próprio saber de modo crítico e permanente (VIEIRA, 1999, p.147).

A escola – espaço de discriminação racial e de luta contra o racismo – uma ambivalência

Aqui será retomado o que foi dito sobre a escola, procurando-se entender em que medida é possível compreender o modo como a escola, enquanto espaço institucional e social, pode ajudar ou dificultar a prática dos professores na forma de tratar as relações raciais. Não é o objetivo, entretanto, analisar o contexto das escolas nas quais esses professores atuam, pois isso não seria possível através dos dados disponíveis. Pretende-se, aqui, analisar como, para o professor, os contextos escolares exercem alguma influência na sua experiência e nos processos de construção de sua identidade, e de sua participação ou não nos projetos com o tema das relações raciais.

Apesar de estarmos distante quase vinte anos da pesquisa realizada pelo professor Luís Alberto de Oliveira Gonçalves em escolas públicas de Minas Gerais, infelizmente muitas das suas constatações coincidem com a descrição feita aqui pelos professores, com referência à discussão das relações raciais. O estudo feito por Gonçalves (1985) foi um dos primeiros a trazer à luz questões sobre a contribuição da escola para a perpetuação do racismo em nossa sociedade. Até a divulgação da pesquisa de Gonçalves, desconhecíamos um dos mecanismos mais contundentes que perpetuava a discriminação racial no espaço escolar: o silêncio. O silêncio encontrado por Gonçalves foi um silêncio inquietante, que o surpreendeu no decorrer da pesquisa empírica. O silêncio que não tratava a história do negro fora da perspectiva da escravidão, silenciando os movimentos de resistência negra e seus atores; o silêncio que desconsiderava o racismo peça fundamental na manutenção das desigualdade sociais; o silêncio do desconhecimento e desmerecimento das lutas e reivindicações do movimento negro; o silêncio que permitia que crianças afro-brasileiras fossem destratadas e desumanizadas. Para o autor, é justamente esse silêncio que impede avanços substanciais na questão das relações raciais tanto na escola como no País. Segundo ele, no Brasil, a discriminação racial aos descendentes da população "não branca"[11] é pior do que em outros países; ao se tentar esconder o preconceito,

---

[11] Atualmente não é comum utilizar-se o termo "não branco". O segundo Congresso de Pesquisadores Negros (São Carlos, 2002) teve como título "De preto a afro-descendente" no sentido de mostrar o percurso dos negros, em geral, e dos intelectuais negros, em especial, no trato com as identificações que foram atribuídas aos negros que "dentro e fora das universidades, passam a questionar o poder de nomeação, classificação e hierarquização do seu outro. (...) ao 'negarem' a nomeação imposta de preto e ao se autonomearem como negro, afro-brasileiro ou, mais recentemente, como afro-descendente têm, os negros, buscado por meio de seus intelectuais dentro e fora das universidades, rever, recriar, ressignificar sua participação na história passada e presente do Brasil". (Barbosa *et al*, 2003, p 11)

não se permite uma tomada de consciência do grupo discriminado (GONÇALVES, 1985, p.150).

Se ainda se perpetuam nas nossas escolas práticas que permitem a produção do racismo, também sabemos que a escola pode se constituir em espaço de mudança quando se dispõe a trabalhar na perspectiva da igualdade racial, empreendendo ações antirracismo. Um dado alentador tem sido a proliferação de cursos, seminários, publicações, concursos e prêmios que destacam a temática racial na educação. Esses espaços formativos têm tido um público cada vez mais crescente e interessado em acumular conhecimento e principalmente trocar experiências que possam contribuir para a sua atuação nas escolas.

Um exemplo dessas ações formativas citadas é o Prêmio Educar para a Igualdade Racial[12], em que, de diversas partes do Brasil, professores negros e não negros inscreveram projetos pedagógicos cujo foco era justamente uma educação antirracismo. O sucesso do Prêmio e a qualidade dos trabalhos apresentados e premiados demonstram que existe hoje uma significativa movimentação em torno de bandeiras históricas do movimento negro: a constituição da escola como um espaço democrático, entendendo que democracia sem igualdade racial não é de fato democracia (FERNANDES, 1989). Rosemberg (2002), no prefácio do livro que divulga as experiências premiadas, destaca o seguinte:

> A maioria dos candidatos ao Prêmio era composta de mulheres, professoras no ensino fundamental, da região sudeste que atuam no ensino fundamental. Porém, o percentual de brancos/as, negros/as e indígenas aproxima-se da composição racial da população brasileira, o que pode significar que o combate ao racismo vem mobilizando também os/as brancos/as (p. 7).

---

[12] Prêmio destinado a professores em exercício que tivessem desenvolvido suas atividades na educação infantil ou no ensino fundamental entre os anos de 1999 e 2002. A iniciativa partiu do CEERT – Centro de Estudos das Relações de Trabalho e Desigualdades, e contou com diversos parceiros. (BENTO E SILVA, 2002)

Veremos, a partir da visão dos professores negros entrevistados para este trabalho, que a escola pode se constituir tanto como um espaço propício para a realização de ações que promovam a igualdade racial, como um espaço extremamente discriminatório no trato com pessoas negras e pobres, sejam alunos, professores e outros.

A escola – espaço da discriminação racial e desenraizamento do negro

Os depoimentos dos professores revelaram um universo escolar marcado de racismo e preconceito, juntamente com uma série de estratégias que têm como consequência perpetuar a desigualdade entre negros e brancos. Talvez não seja possível evitar o tom de denúncia que se seguirá, mas certamente é necessário ainda denunciar, mesmo que já tenhamos avançado nas experiências de atuações políticas mais efetivas. A denúncia nos mantém acordados para uma realidade que muitos querem esconder ou fingir que não existe. Acomodados em concepções de harmonia, de falsas democracias e de falsos discursos que elogiam a diversidade, não conseguiremos romper as barreiras do silêncio. Não conseguiremos tirar a questão racial dos "guetos" a que está circunscrita, não conseguiremos tirar o peso das costas de um reduzido grupo de profissionais da educação, em sua maioria negros e mulheres, que levam adiante projetos que abordam a questão racial.

"Onde que eu encontro, gente, meninos limpos, educados, pra dar aula?" Aí alguém respondeu: "Vai pro sul do País, porque se subir é um problema". Esse "diálogo" não faz parte de nenhum desses materiais vendidos em bancas de revistas que veiculam piadas preconceituosas e racistas. É a reprodução de uma conversa entre "educadores" na sala de professores de uma escola municipal da regional Leste, narrado pela professora Maria, uma de nossas entrevistadas.

Nessa mesma escola, as crianças negras e moradoras de vilas e favelas são extremamente destratadas. Em determinada época em que a escola passou a receber clientelas "diferentes" da que estava acostumada, um grupo de professores reivindicou que as crianças vindas de uma determinada favela da região deveriam ter uniformes diferentes para que pudessem distingui-las das demais. Que tipo de distinção esses professores queriam proceder? O uniforme seria a marca de reconhecimento de uma diferença cultural, social, racial? Apesar de não terem conseguido estigmatizar materialmente os alunos vindos da referida favela, os mesmos não ficaram imunes aos preconceitos, pois tudo que acontecia de errado e ruim na escola a responsabilidade recaía sobre esses meninos.

Essa mesma escola é vizinha dos bairros Vera Cruz, Alto Vera Cruz, Caetano Furquim e Casa Branca, que têm projetos que trabalham com a cultura negra, como capoeira e dança afro, e as crianças e adolescentes que participam desses projetos são alunos da escola. Porém, de acordo com a professora Maria, apesar de esses meninos se assumirem como negros, com penteado afro, etc., as suas manifestações culturais são tratadas com desprezo pela escola. É como se ao entrar na escola essas crianças tivessem que se desvestir de suas práticas culturais e agir como se essas práticas não tivessem importância.

As tentativas de realizar uma interferência mais positiva com relação aos negros e suas manifestações culturais são boicotadas pelos professores. Um fato narrado por Maria que ilustra bem esse boicote foi por ocasião da apresentação de um projeto que tem por objetivo contar um pouco a história cultural do negro no Brasil através da história do samba:

> A Dandara foi lá levar um projeto, contando a história do samba, tal. Mas o povo lá boicota. Mas boicota assim (...). Oh, o dia que a Dandara foi apresentar o projeto, apresentou, falou. Assim, as perguntas elas fizeram nesse nível "Olha, eu acho que é muito interessante, trazer esse projeto pra escola, mas por quê? Será que isso vai ser bom pros meninos? Porque sei, todo sambista é malandro, o samba é muito ligado a cerveja, beber, cachaça..." O dia que a Dandara foi lá apresentar o projeto "Cantando a História do Samba", foi um fiasco,

> assim, sabe? Os professores ficaram de ir, não foram. Apareceram quinhentos atestados médicos. Sabe aquela coisa assim? Boicote mesmo. *(Maria)*

Essa estratégia de boicotar atividades e projetos referentes à cultura negra, questão racial e afins não é novidade. Muitos professores que encontramos em cursos relatam frequentemente esse tipo de comportamento por parte dos colegas. Os professores, no geral, não dizem que não vão fazer, não se posicionam contra, mas não comparecem aos eventos e atividades, não dão importância a trabalhos dessa natureza. No caso citado, demonstraram não só desinteresse, mas desprezo pelo projeto e consequentemente por uma manifestação significativa da cultura negra, o samba.

Souza (2003), com o objetivo de analisar o comportamento das crianças e adolescentes participantes de bandas-mirins de congo no Espírito Santo, analisa a inserção dessas crianças do congo na instituição educacional e as manifestações de preconceito a que estão sujeitas, e de que forma as suas manifestações culturais estão incluídas nas escolas capixabas. A pesquisadora constata o seguinte:

> O que se observa, entretanto, é que, como, na sua maioria, as Bandas de Congo estão sediadas em bairros de população de baixa renda e consequentemente de baixa escolaridade, as crianças e adolescentes que participam das Bandas de Congo Mirins são alvo de chacotas na escola, o que tem levado muitas delas e deles a sentir vergonha da condição de congueiro(a), e em casos extremos, deixar de participar das Bandas. (p.3)

Tomando-se como base a análise de Souza, pode-se pensar que tanto as crianças negras, principalmente as oriundas de bairros pobres, como as suas práticas culturais permanecem como alvo de preconceito e desprezo no interior das escolas. Em muitos casos, como no relatado por Souza, as crianças e adolescentes se veem quase que obrigadas a esconder suas tradições culturais e religiosas para não serem motivo de preconceitos e comentários depreciativos. Elas acabam abrindo mão de suas práticas religiosas e culturais, chegando, inclusive, a ter vergonha das mesmas para serem aceitas tanto no espaço escolar como em outros espaços de socialização. Segundo Menezes, citado por Souza:

> Essas ações preconceituosas conduzem a um processo de despersonalização dos caracteres africanos, o que dificulta e, em alguns casos, inviabiliza a inserção da criança no sentimento de pertencer ao espaço escolar, comprometendo a sua autoestima, impossibilitando-a de ter um autoconhecimento individual ou cultural, pois esses dois níveis estão diretamente ligados a condições desvalorizadoras atribuídas pelo grupo dominante. (p.3)

Insiste-se muito sobre o fato de que a escola desconsidera a diferença. No caso da escola que Maria traz de exemplo, vemos que não só a diferença é considerada como é tratada de maneira negativa. O tratamento de igualdade na escola se dá em um plano apenas ideal, pois na prática o que se verifica é que a diferença é percebida, reconhecida e em seguida desrespeitada, desprezada, estigmatizada. Não se consideram as crianças e jovens com culturas diferentes do padrão dominante como pessoas que precisam ser respeitadas. Para Dayrell (1996):

> Uma outra forma de compreender esses jovens que chegam à escola é apreendê-los na sua diferença, enquanto indivíduo que possui historicidade, com visões de mundo, escalas de valores, sentimentos, emoções, desejos, projetos, com lógicas de comportamentos e hábitos que lhes são próprios (p.140).

Se é importante trabalhar a diferença nos termos de Dayrell, existe uma forma de desqualificar a diferença, e os alunos negros e pobres sabem muito dessa desqualificação. O distanciamento entre a escola e os alunos, principalmente aqueles oriundos de setores populares, gera não só uma tensão no interior da instituição escolar como pode produzir situações de abandono e fracasso escolar. E vimos que, no caso da escola citada por Maria, os professores são os próprios agentes de manifestações preconceituosas e discriminatórias. O que estaria por trás de tais posicionamentos?

Se analisarmos o conjunto dos relatos dos professores negros sobre essa escola e a postura de alguns profissionais, veremos que não é uma questão de desconhecimento, de desinformação, de ausência de formação. É possível pensar que existe algo que vai além da questão de não terem passado por processos formativos que os habilitassem a ter outro tipo de postura. A crueza dos relatos demonstra que mais uma vez o preconceito prevaleceu, e continua realizando estragos e mantendo o *status quo* de determinados grupos. Apesar das ambiguidades na forma de como esse racismo se expressa, se levarmos em consideração que a maioria dos professores dessa escola são brancos, essa situação teria que ser levada mais a sério, como um quadro de conflito racial.

Coincidentemente, é nessa mesma escola que a professora Antonieta, em certo momento de seu percurso profissional estará diante de outras manifestações de racismo que a deixam chocada e a fazem recuar em sua perspectiva de realizar um trabalho mais efetivo com a questão racial.

> Tive um desafeto lá com uma professora muito branquinha. Eu tava um dia no pátio da escola, tinha uns alunos que entraram lá pra tomar água e fazer não sei o quê lá e tal. Então os alunos entraram lá pra tomar água e acabaram mexendo não sei em quê lá, e ela não gostou. Ela era coordenadora lá, muito branquinha, muito clarinha, loirinha, muito alva. Aí esses alunos falaram "ah você vai tomar banho", ela foi xingar esses meninos. Eles disseram: "vai tomar banho, sua branquela". Aí ela disse assim: "Graças a Deus, pena que essa minha raça está em extinção". E eu fiquei extremamente incomodada, fui à regional, reclamei da mulher, escrevi uma carta pra escola, dizendo que eu ia levá-la aos órgãos competentes, denunciar a questão do racismo. Aí ela me chamou pra conversar, chorou, a escola se mobilizou. A escola sentou para conversar com a gente, foi um negócio muito desagradável que eu acabei deixando pra lá. Mas fiquei incomodadíssima. *(Antonieta, grifos meus)*

Primeiramente, chamo a atenção para um aspecto das relações raciais que muitas vezes pode passar despercebido: a expressão da identidade branca. Quando refletimos sobre as relações raciais, comumente pensamos nessa questão associada apenas aos negros, como se a identidade branca não existisse. O relato da professora Antonieta demonstra que não só existe uma expressão da identidade branca como também está latente um conflito que parece colocar os brancos em uma postura defensiva.

Essas questões vêm sendo investigadas e discutidas principalmente por aqueles estudiosos e pesquisadores das relações raciais que se preocupam com um fenômeno conhecido como experiência da *branquidade* ou *branquitude*. No Brasil, essa temática está sendo discutida mais recentemente, principalmente por pesquisadores do NEINB-USP – Núcleo de Estudos e Pesquisas Interdisciplinares do Negro Brasileiro. Em outros países como Estados Unidos e Inglaterra esses estudos se encontram mais disseminados. De acordo com Rossato e Gesser (2001), não tomamos com a devida atenção a experiência da identidade branca como uma identidade racial porque:

> O que se questiona nesse contexto é que essa experiência é imposta diante de uma sociedade em que ser branco(a) é a "norma", ou seja, a noção hegemonicamente estabelecida e legitimada indica que a brancura é associada a uma situação de privilégio que desacredita na presença da austeridade de sua posição e, por isso mesmo, é incapaz de compreender a experiência do 'outro' (p.20).

A expressão utilizada pela professora citada por Antonieta "graças a Deus, pena que essa minha raça está em extinção", indica explicitamente o reconhecimento de uma identidade racial branca que se estabelece como algo bom e melhor que as demais. Ao mesmo tempo denota um conflito racial latente no qual os brancos se sentem ameaçados. São sintomáticas as reações que têm surgido em torno da discussão de implantação de cotas para negros nas universidades brasileiras; fica evidente na maioria das argumentações contrárias a esse tipo de ação afirmativa, a defesa de privilégios que vêm se perpetuando durante séculos. Em algumas situações o grau de hostilização às pessoas negras chega a ser alarmante. Exemplo emblemático dessa hostilização, veiculada em certos setores da mídia e das redes virtuais, foi o texto escrito por um membro de um Diretório Acadêmico de uma universidade do Paraná. No referido artigo o estudante se posiciona veementemente contra as cotas dizendo, inclusive, que os negros de hoje deveriam agradecer por seus antepassados terem sido escravizados, pois estão em melhores condições aqui do que estariam na África, visto como continente da barbárie e da miséria.

A escola citada por Maria e Antonieta não apresentou condições favoráveis ao desenvolvimento de um trabalho mais efetivo com a temática racial. A escola se mobilizou, porém, mais no sentido de abafar, de não dar maiores repercussões ao caso; foram mobilizadas mais as emoções do que posturas reflexivas e críticas a respeito do ocorrido. Assumir individualmente a discussão de um tema tão complexo e sério sem apoio institucional fez com que Antonieta se sentisse acuada. Mesmo sendo uma pessoa com plena consciência dos estragos causados pelo racismo, mesmo com um percurso de experiências no trato da questão racial na escola, Antonieta acaba capitulando frente à pressão vinda de seus pares, parece estar *emparedada*[13], para usar a expressão de Cruz e Souza. Não teve saídas, a não ser recuar e se transferir de escola:

> E lá eu não tive espaço, trabalhei minimamente a escola, estranhei bastante, tanto que eu fiquei lá só um ano, não abriu espaço pra fazer esse tipo de trabalho, não só da questão racial como trabalhos muito comprometidos com os alunos mais carentes, não tinha esse espaço. Uma escola em que os profissionais são muito individualistas e pouco comprometidos, eu acho, com a educação. Fiquei um ano, só em 97. *(Antonieta)*

Maria também se sentiu acuada, deslocada, e assim, expressa sua insatisfação:

> Então antes eu comprava essa discussão sozinha mesmo, mas hoje em dia eu estou calada lá. Porque, não tem, as pessoas, elas têm, elas fizeram uma opção. Elas têm um modelo de escola, é um pessoal muito irresponsável, sabe? Totalmente irresponsável, é, uma professora falta pra outra segurar, elas aparecem assim, é, de licença-médica e volta assim: "ah, fiz silicone", sabe? Porque o marido é médico. Tem umas coisas lá assim. O pessoal não tem um pingo de compromisso com a escola, com ninguém. (...) Porque eu abri mão de lá, porque vai ser uma briga desigual. *(Maria)*

A escola evidencia-se, dessa forma, como um ambiente extremamente hostil, tanto para os alunos negros e pobres quanto

---

[13] Expressão título de um poema de Cruz e Souza que retrata o sentimento do negro no mundo dos brancos: envolto em negações, como se estivesse sendo comprimido por todos os lados.

para os professores que têm uma perspectiva diferente com relação à educação e aos alunos oriundos dos meios populares. Professores, inclusive que em outros espaços conseguem desenvolver trabalhos significativos com o tema das relações raciais e outros temas, mas que, com a possibilidade de terem embates permanentes com colegas de trabalho, gerando uma série de desgastes, são levados a recuarem em seus projetos. Portanto, um conjunto de condições precisa ser considerado para que os professores que se dispõem a trabalhar o tema das relações raciais possam fazê-lo com um mínimo de qualidade. Do contrário, mesmo as pessoas que, por seus percursos, demonstraram ter condições de trabalhar o tema, veem-se obrigadas a recuar. Só o desejo não basta, nem mesmo a convicção política da importância da ação antirracismo. É necessário um contexto onde seja possível lidar com o conflito. E é isso que se verá a seguir.

A escola – espaço de luta contra o racismo

Se a escola apresenta-se em muitos casos como lugar no qual a discriminação racial se manifesta sob todas as formas, também pode ser espaço privilegiado de ações que visam não só discutir as relações raciais como construir possibilidades para uma educação que promova a igualdade. Nesse sentido não basta simplesmente proclamar que é preciso respeitar as diferenças; o elogio das diferenças não faz sucumbir o peso da desigualdade motivada pelo racismo. Portanto, reunir condições para a efetivação de propostas político-pedagógicas requer empenho, compromissos que vão além das ações individuais e dos processos acadêmicos de formação de professores. Não basta o desejo de trabalhar a questão racial, nem mesmo ser negro. São necessários contextos e condições que permitam ao professor qualificar a sua participação nos projetos educacionais gerais e naqueles voltados para as relações raciais.

Os professores que passaram de um estágio em que faziam uma mera constatação do racismo para um outro no qual adquiriram uma maior percepção a respeito das razões e efeitos da discriminação racial reuniram mais elementos que lhes permitiram atuar na luta antirracismo. No caso desses professores, a escola poderá se constituir como um espaço que os leva a essa possibilidade. Com o olhar no presente e no passado esses professores serão motivados a interferirem com projetos antirracismo nas escolas em que trabalham, por se identificarem com os alunos negros e principalmente por identificarem, no percurso desses, semelhanças com seu próprio percurso. O compromisso surge da própria experiência. O professor, ao se deparar com uma realidade escolar na qual os alunos com maiores dificuldades econômicas e de aprendizagem, principalmente, são negros, irá se sentir impelido a tentar modificar tal quadro, para que esses alunos possam vivenciar a experiência escolar em bases diferentes das que ele teve oportunidade de vivenciar. Esse é o caso de Maria, Antonieta e Luiz, que desenvolvem projetos sobre a questão racial nas escolas em que trabalham, mobilizando diversos recursos, pessoas, entidades, conteúdos e temas. Portanto, não sem razão, esses professores serão próximos dos alunos, atenciosos, comprometidos com a busca de recursos e condições para qualificar sua atuação. Mesmo que em sua maioria desenvolvam projetos quase individualmente, ou tenham que sempre iniciar os trabalhos que se tornarão coletivos, é necessário que se crie um contexto onde seja possível trabalhar o tema das relações raciais.

A partir das falas dos professores, temos indicações de alguns elementos para que esse tipo de contexto possa ser instituído. Um desses elementos é o reconhecimento de que existe um conflito racial na escola, que, nos lugares em que a diferença é desqualificada, assistimos à manifestação do conflito. O outro é que a escola compreenda a necessidade de lidar com esses conflitos. A professora Antonieta nos chama a atenção para outros elementos também necessários para uma intervenção antirracismo. Para ela, um contexto favorável à realização de um trabalho mais qualificado, não só em termos gerais, mas pensando-se principalmente nas crianças dos meios populares, negras em sua maioria, deverá contar com um grupo de profissionais que têm um projeto político-pedagógico de democratização das relações na escola. Existindo essa possibilidade de trabalhar em um grupo com as características por ela apontadas, torna-se possível o enfrentamento dos conflitos e contradições em torno das opções de trabalho com temáticas voltadas para a questão racial:

> Então a gente ficou na direção, foi um momento muito interessante de 93 a 96. Em que aí, sim, a gente tinha um trabalho mais sistemático com relação a questão racial. Eu me lembro de umas três ou quatro pessoas que falavam o tempo todo assim "não sei por que vocês falam o tempo todo desse negócio de negro, toda hora é esse trem, que saco! Todo projeto tem que envolver esse trem de negro, não é possível, nós somos todos iguais, vocês ficam relevando..." A gente não cansava de insistir, a Núbia (nome fictício) um tom de pele mais claro, mas o pai negro, então o pessoal achava essa visibilidade toda de negócio de negro, porque eu tava lá, "e aí que saco!". Ainda bem que era minoria, mas a maioria topava. *(Antonieta)*

Historicamente, a escola foi pensada como espaço da igualdade. No entanto, os conflitos estão colocados desde muito tempo: conflitos sociais, políticos, raciais. Em um contexto em que se nega a existência de um conflito, em uma situação em que o grupo de professores estabelece relações extremamente preconceituosas e desiguais com seus alunos, torna-se fundamental trabalhar no sentido de uma reflexão que vá além do trabalho de superação dos preconceitos que estão enraizados nas pessoas; é preciso haver um engajamento dos professores com um projeto político de democratização das relações na escola. Esse parece ser o contexto que Antonieta ajudou a construir na primeira escola em que trabalhou.

Podemos estabelecer inter-relação entre os percursos biográficos e a experiência profissional dos professores negros e ver que, diante de contextos hostis, mesmo os professores mais convictos da importância de interferências mais afirmativas na questão racial, eles se verão em uma espécie de isolamento e tensão difíceis de enfrentar sem o apoio de um grupo. Mesmo que o professor desenvolva projetos individualmente, a postura dos profissionais da escola, no sentido de reconhecerem a existência dos conflitos e do comprometimento com a efetivação de relações mais democráticas no ambiente escolar, é fundamental para a realização desses projetos. Vejamos o caso de Maria:

> Quando eu voltei, a única vaga que tinha era no Taquaril. Aí eu fui pra lá. Amei a escola, aí, assim, não a escola em si, mas o professorado de lá, é um professorado assim com todas essas limitações, eles são comprometidos com o trabalho deles. Claro que trabalham numa linha totalmente diferente da minha, assim não fazem as mesmas abordagens, mas eles não são aquele povo assim: "ah, escola pública faz de qualquer jeito". Assim, são preocupados com os meninos, gostam. A comunidade lá no Taquaril é fantástica, sabe? Assim, eles num são é, politicamente ativos na escola, num tem muito isso, pai e mãe, até porque também eu acho, meio economicamente... eles são ativos assim, num tem muito essa condição, mas os meninos eles são, nossa, umas, sabe? Assim umas gracinhas. Nunca trabalhei numa escola tão boa, feito essa. *(Maria, grifos meus)*

Pelos exemplos dados pela professora Maria podemos destacar alguns aspectos importantes do contexto escolar que permitem a ela se sentir realizada enquanto professora. Ela chama a atenção de que não é necessário que todos os professores pensem da mesma maneira, nem tenham as mesmas posições políticas. Maria enfatiza a questão do compromisso dos profissionais com a educação, do comprometimento com um projeto político-pedagógico de democratização das relações dentro da escola. Nesse sentido ela se aproxima da visão de Antonieta. Por outro lado, Maria também faz considerações a respeito da comunidade que parece contribuir para o trabalho da escola, assim como os alunos que, em outro momento de sua fala, ela diz que são interessados e participativos.

Na escola em que trabalha atualmente, Maria consegue estabelecer um diálogo com os colegas no sentido de tentar mostrar seus pontos de vista e a importância de abordar as relações raciais em outras perspectivas, não só aquelas relacionadas aos conteúdos ensinados. Demonstra, pela sua fala, que a abordagem da questão racial passa inclusive pelas relações que se estabelecem com os alunos negros e brancos, privilegiando-se uns mais que outros. O recurso utilizado pela professora para chamar a atenção dos colegas a respeito das escolhas que realizam, baseados na cor de seus alunos pareceu-me interessante por provocar uma reflexão por parte da escola. Por que os professores perceberam o racismo de Maria, quando ela faz opção por destacar as crianças negras nos eventos que organiza? Isso trouxe incômodo, que levou ao questionamento e permitiu a Maria expor seus argumentos, provocando um diálogo. Diálogo esse que Maria levou tempo para conseguir estabelecer, de acordo com ela, principalmente porque pôde criar condições para a reflexão em torno do conflito.

Vejamos mais um pouco da fala de Maria, para ilustrar como o seu percurso biográfico exerce influência na forma como atua na escola, com relação às questões raciais e como vai sendo possível criar condições para dialogar sobre os conflitos raciais:

> Na verdade, eu cheguei à conclusão, isso não tem muito tempo, acho que deve ter uns dois anos, que o meu discurso não valia. Não só o discurso, mas o meu discurso e a minha atuação, não arregimentavam pessoas, afastavam. Então desse período, eu fui tentando também me curar, e... sabe? É... tentar uma intervenção, até pedagógica, menos traumática. Não pra, não para os alunos, mas eu acho que para mim e para as pessoas mesmo, né, que estavam à minha volta. Porque a gente tem que ganhar as pessoas, não afastar. E eu acho que eu afastava mesmo, sabe? É, enfim, então é, acho que de um tempo pra cá eu consegui resolver isso melhor, eu tenho conseguido sorrir mais, porque (risos), porque eu acho muito difícil sorrir. É, consigo hoje interferir em algumas posições, nas escolas onde eu trabalho, numa escola que eu trabalho e ganhar as pessoas... sabe? Assim, sensibilizá-las pra essa questão racial. Acho que eu consigo ver que ao mesmo tempo em que eu não enxergava isso, tem gente que não enxerga. Eu não acho que, que assim, você não tem que estar punindo as pessoas, até pela minha trajetória mesmo. Eu custei descobrir que eu era negra. Custei descobrir. E acho que do mesmo jeito, tem muitas pessoas, brancas e não brancas, que elas não conseguem perceber essa estrutura mesmo (grifos meus). Então eu lembro sempre, umas, umas três semanas atrás tendo uma conversa na escola, assim, a gente tem um horário lá disponível, e as pessoas vão trabalhar com "ah, nós vamos pegar alunos com problema", aquela história. Bom, e eu falei: "olha, a minha intervenção, vai ser uma intervenção racial e

> tal". Eu falei do que eu pretendo. E assim eu senti apoio de um monte de gente: "Ah, é legal mesmo, porque aconteceu isso nas salas. Às vezes acontece e a gente não sabe como resolver, e que não sei o quê, não sei o quê". Achei que foi uma vitória porque nessa escola mesma há alguns anos, as pessoas sempre falavam que eu sou racista, "você é racista". *(Maria)*

A fala de Maria pode nos ajudar na configuração de um contexto que possibilita dialogar com o conflito. Os elementos que podem ser identificados são os seguintes: 1) necessidade de lidar com a carga emotiva que é inerente ao tema conflitual, e, caracterizada do ponto de vista emocional, não é tranquilo lidar com as situações impostas pelo racismo; 2) a falta de informação impede que se possa criar um contexto para o enfrentamento do racismo. Muitas vezes, os professores desconhecem as reais condições com que se dão as relações raciais e os efeitos do racismo para toda a sociedade; 3) são necessários momentos de reflexão a partir das experiências vivenciadas nos percursos de cada um, pois nem todos os professores tiveram esses momentos. É fundamental que se possam criar espaços de reflexão tanto nas escolas como em outras ocasiões de formação docente.

A reflexão de Maria expressa como a sua própria forma de experienciar as relações raciais em sua vida a fez buscar outros caminhos de abordagem da temática junto aos professores. Adota uma postura reflexiva na qual a base é justamente a forma como vivenciou o processo de construção de sua identidade negra. Nesse "estágio", Maria demonstra conseguir lidar melhor com suas angústias existenciais e até qualificar sua ação política e pedagógica. Atente-se para o fato de que sua ação não se restringe somente ao pedagógico, ultrapassa esse aspecto no sentido de que precisa exercitar sua capacidade de argumentar e dialogar com as pessoas para que suas ações não fiquem incompreendidas. Podemos aqui voltar à questão de como as biografias dos indivíduos exercem papel fundamental na forma como atuam politicamente. Para Vieira (1999):

> Muitas outras biografias e autobiografias há de intelectuais cuja criatividade, inovação, preocupação política pela igualdade de oportunidades, etc., em parte advêm duma consciência social

interiorizada enquanto experienciaram, durante a sua própria vida, a desigualdade do mundo, as dificuldades da vida, constrangimentos e circunstâncias variadíssimas que finalmente conseguiram ultrapassar (p.92).

Maria teve a oportunidade de experienciar uma série de situações em sua vida que a fizeram refletir sobre a sua própria condição de mulher negra, saindo de um lugar possível de conformismo, justamente por ter incorporado a sua maneira de ver o mundo de uma forma mais questionadora. A professora viveu muitas vezes a insatisfação com a forma com que ela mesma lidava com a questão racial e com sua própria identidade, para ver a realidade como algo que pode estar em permanente construção. É como se tivesse passado por várias etapas: cegueira com relação à questão racial e a sua própria condição de mulher negra; compreensão de que a vida social se organiza em bases que hierarquizam as pessoas racialmente; revolta e angústia com essa realidade e com o próprio fato de não ter percebido isso durante muito tempo; radicalismo nas posições e possibilidade de ir qualificando melhor suas atuações, numa espécie de ajustamento pessoal e político.

Retomando ainda Vieira, podemos dizer que Maria parece ter encontrado caminhos para retirar-se de seu isolamento no trato da questão racial, tomando como referência a sua própria história: "seu passado e toda a sua trajetória social são usados para melhor lidar com as realidades que se lhe apresentam" (p.337). Mesmo que ainda realize um trabalho quase individual em sua escola, Maria está arregimentando condições para que sua atuação tome proporções mais abrangentes. No entanto, para que isso aconteça é necessário mais que o empenho pessoal de alguns professores.

Contextos extraescolares – o desafio das políticas públicas

Vimos que os contextos de trabalho do professor são importantes para que se possam desenvolver projetos voltados para a questão racial. Em igual medida, a forma como o professor elabora e constrói a sua identidade e a mobiliza em sua prática profissional é fundamental para a sua atuação político-pedagógica. No entanto, não podemos tomar exclusivamente essas duas condições para compreender o que permite ou não o desenvolvimento de ações antirracismo no interior das escolas. Se tomarmos como referência aqueles professores que não conseguiram ainda superar o estágio de um certo conformismo com a realidade social e racial brasileira, é necessário que outras dimensões sejam consideradas na investigação dessa questão, principalmente se compreendemos que não é tarefa exclusiva de um ou outro professor assumir a responsabilidade de abordar uma questão que é crucial para todos. Muito menos, não podemos pensar que cabe ao professor negro, especialmente, levar adiante essa tarefa. Aqui tomamos como base a própria fala de professores negros, para buscar pistas que possam contribuir para a formulação de ações voltadas para a ampliação das experiências político-pedagógicas de combate ao racismo nas escolas.

O percurso profissional de Luíza permite-nos inferir que ela tem um envolvimento com a educação, no sentido de se preocupar com ações que possam qualificar o seu trabalho, descreve os contextos nos quais trabalhou com relativa positividade, dizendo, inclusive, que mudou de escolas pouquíssimas vezes. Com exceção das escolas particulares pelas quais passou, Luíza sente-se bem nos espaços escolares nos quais atua. Destaca como positivo nessas escolas principalmente o envolvimento dos professores nos projetos pedagógicos e a participação dos alunos. Fala com orgulho das atividades e projetos realizados pela escola e por ela mesma. Um desses projetos trabalha com a questão ambiental articulada com a temática da cidadania envolvendo alunos de toda a escola. Isso demonstra que Luíza não está alheia às temáticas mais contemporâneas que precisam ser tratadas na escola.

Porém, quanto à temática racial, são outros professores que desenvolvem atividades. Ela mesma só fez essa abordagem uma vez por solicitação de seus alunos quando pediram explicações para os diferentes tons de pele entre as pessoas. Em certa medida, ela ainda necessita passar por outros processos que possam lhe oferecer condições para se envolver mais com a temática racial. Através da fala de Luíza podemos identificar um ponto crucial que torna possível a disseminação de práticas pedagógicas que abordem a questão racial: a efetivação de políticas públicas bem definidas e estruturadas que possam nortear os trabalhos em torno da questão na escola. Luíza compreende que essas políticas não podem ser geradas de forma espontânea, nem oscilar frente às mudanças de governo. Para Luíza, um contexto que seria propício para que se pudesse desenvolver o tema de forma menos superficial e pontual não se restringe apenas aos aspectos intraescolares; é necessário que se constitua uma política governamental para o trato da temática racial:

> A sociedade joga pra religião. E uma vai jogando pra outra, e no final ninguém é responsável. Então eu acho que as escolas têm que ter sim, uma matéria, com esse nome mesmo, preconceito. Por que que um empurra pro outro. Por que que os fatos acontecem e ninguém toma responsabilidade, porque ninguém toma. A gente chega fala, fala, fala, fala e daí? Quem põe a mão na massa e faz alguma coisa? (...) Olha, eu acho que é falta de interesse mesmo, de quem governa isso. (...), quem governa a escola. Quem governa a educação. Por quê? Porque eu acho que essas ideias têm que vir de uma cabeça central. Não como uma obrigação, mas como é, uma indicação. Eu acho que essas indicações deviam surgir. E, no entanto, o pessoal acha que isso não vale a pena. Por quê? Porque é a minoria, entre aspas, porque a maioria, a maioria da nossa população, ela é negra. Num é a maioria? Se não é a maioria, é uma boa parte dela. E, no entanto, para eles é muito mais fácil continuar existindo negro para um lado, branco pro outro é... não tendo é... como é que fala? Igualdade de condições. *(Luíza, grifos meus)*

Apesar do discurso de Luíza apresentar algumas desinformações, principalmente quando diz que deveria haver indicações governamentais a respeito da necessidade de trabalhar a temática racial, pois demonstra desconhecer iniciativas nesse sentido, tais como os parâmetros curriculares nacionais e mais recentemente a Lei 10.639, vemos que ela aponta a necessidade de uma interferência política para a efetivação de políticas públicas que têm a igualdade racial como foco. Luíza nos chama a atenção para a dificuldade de abordar um tema tão complexo e cheio de ambiguidades a partir somente de iniciativas de um ou outro professor. Ao mesmo tempo o seu desconhecimento de ações e leis que caminham nessa direção revela que a forma como essas ações e leis estão sendo divulgadas e implementadas não conseguiu atingir a maioria dos profissionais da educação. Talvez seja esse um dos motivos que impede que ações voltadas para a abordagem das questões raciais percam o seu caráter de ações isoladas e atinjam um âmbito mais coletivo e institucional.

De acordo com Rua (1998), as políticas públicas constituem-se em respostas dadas às demandas de ações que se originam no próprio sistema político. Para que as demandas se efetivem é necessário que elas saiam de um estado restrito de abrangência e se tornem um problema político, reunindo condições para se formularem alternativas de solução das questões que mobilizam a sociedade ou um grupo social maior:

> Uma vez que as políticas públicas são respostas, não ocorrerão a menos que haja uma provocação. Em linguagem mais especializada, as políticas públicas se destinam a solucionar problemas políticos, que são as demandas que lograram ser incluídas na agenda governamental. Enquanto essa inclusão não ocorre, o que se tem são "estados de coisas": situações mais ou menos prolongadas de incômodo, injustiça, insatisfação ou perigo, que atingem grupos mais ou menos amplos da sociedade sem, todavia, chegar a compor a agenda governamental ou mobilizar as autoridades políticas (p.733).

Pode-se considerar que as demandas do movimento negro já saíram do campo da insatisfação e da constatação de injustiças, já que são muitas as experiências de formulação de propostas e políticas públicas com vistas a reverter as desigualdades raciais e principalmente as da área educacional. Porém, se concordamos com os argumentos de Rua, é preciso que ocorra uma maior mobilização da sociedade civil, em torno da necessidade de implantação de políticas que promovam a igualdade racial no ambiente escolar. Nesse sentido, a atuação dos professores é fundamental para que se possam concretizar as formulações de políticas públicas nessa direção. Não só dos professores, mas de todos os envolvidos nas questões educacionais, como estudantes e seus familiares. É necessário dar à escola um estatuto que possa recuperá-la na perspectiva da luta racial com vistas a transformar a sociedade e promover a democratização da vida coletiva.

Não cabe à autora deste trabalho indicar quais deveriam ser as políticas a serem implementadas, mas as experiências dos professores negros nos levam a afirmar que cada um deles, a partir das próprias perspectivas e possibilidades, sem dúvida, seria ator privilegiado, interessante e interessado na elaboração de propostas de políticas públicas. Políticas essas que possam talvez dar conta dos elementos que os próprios professores estão nos apontando.

Considerações finais

Assim como não foi fácil iniciar este trabalho e desenvolvê-lo, superando diversas etapas e dificuldades características na vida de uma mulher negra, mãe de dois filhos, conciliando trabalho, estudos e militância, também vejo que é extremamente difícil terminá-lo. Retomo em minha memória como tudo começou e posso dizer que enquanto pesquisadora fui também reconstruindo o meu percurso escolar e profissional. Ao me deparar com as histórias de vida dos professores e professoras por mim entrevistados, iniciei um processo de reelaboração de minhas próprias concepções a respeito do trato das relações raciais na escola.

Os percursos de militância me impuseram algumas visões a respeito do compromisso dos professores, especialmente os negros, com a causa antirracismo. Não queria admitir, mas acreditava que todo professor negro teria a obrigação de trabalhar contra o racismo em sua atuação profissional. Não conseguia conceber como alguém com um percurso marcado por vivências com a discriminação e ocupando uma posição estratégica na formação de opinião se omitia de tal tarefa. Se este trabalho fala de percursos de formação e transformação, devo admitir que a análise das biografias dos professores negros me levou a ver, com outros olhos, determinados tipos de posicionamentos que se distanciavam das minhas concepções.

Compreendo agora que existem várias formas de ser professor e de ser negro. Existem várias formas de compreensão das relações raciais, tanto na vida das pessoas como na sociedade de forma geral, assim como podem existir várias maneiras de resistir e sobreviver em uma sociedade racista. Mesmo que algumas dessas formas possam significar um certo conformismo e individualismo, precisam ser compreendidas na dimensão da existência das pessoas e das formas como os negros foram e são vistos em nossa sociedade. Os percursos de transformação são longos e complexos.

Chego ao fim deste trabalho acreditando que ser professor negro neste país significa ainda romper muitas barreiras. Ser professor, com formação universitária numa sociedade na qual a maioria dos negros tem baixa escolaridade e ocupa funções de baixa remuneração, representa por si só uma forma de resistência. Uma resistência que não é individual, pois foram longos os caminhos para se chegar até aqui. Foram muitas batalhas para que a população negra pudesse frequentar o espaço escolar; foram muitos os silêncios, muitas as brigas, muitos os esforços de homens e mulheres, famílias negras para possibilitar a educação de seus filhos. Não podemos perder isso de vista, foram gerações e gerações que nem sequer tiveram o direito de sonhar em entrar em uma universidade. Por isso não falo aqui de uma resistência individual, apesar de muitas pessoas justificarem seus sucessos pelo próprio esforço. É óbvio que o investimento pessoal foi fundamental nesses processos, esforços sobre-humanos para provar capacidade, inteligência. Mas os resultados desses percursos são frutos de uma luta coletiva que ainda está no começo.

Apesar de todas as discriminações sofridas pelos professores negros, e é preciso denunciá-las insistentemente, compreendo que fugir ao destino do "lugar de negro" muitas vezes pode significar o rompimento com padrões não só socioeconômicos, mas com os padrões de negro subjugado. Mesmo que, ao alçar voos mais altos, ignore as bases e origens, desprendendo-se de seu território negro, fugir ao destino pode também representar a reconstituição de territórios negros em espaços que antes só foram de brancos, como a escola. Fugir ao destino, poderá ser assumir uma luta contra a opressão de pessoas humilhadas pelo racismo; fugir ao destino pode ser tão somente não seguir a profissão da mãe e irmãs, não ser doméstica; fugir ao destino pode ser negro e sobrevivente.

Assim como os negros escravizados ou libertos forçaram a ocupação de espaços sociais no passado, também acredito na possibilidade, hoje, de resistência pela ocupação de diversos espaços na sociedade, principalmente daqueles que durante muito tempo não eram vistos como "lugar de negro": postos de poder, profissões variadas, movimentos sociais, estratos sociais com maior poder aquisitivo, entre outros. Ocupar esses espaços significa não só contestar os estereótipos do negro incapaz, mas romper paulatinamente com o isolamento, com o *apartheid* social. Significa dar visibilidade para um setor da população brasileira que, muitas vezes, se constituiu como estrangeiro em terras há muito por ele ocupadas.

> Os escravos jamais se coisificaram, também a maioria deles não agiu como Zumbi. Nem foram passivos e conformados com os inegáveis sofrimentos aos quais estavam submetidos, nem tampouco foram rebeldes extremados. Eles usaram os elementos e as estratégias previstas e disponíveis na sociedade escravista, forçando a criação de espaços de liberdade em meio ao cativeiro, construindo várias "visões" da liberdade e desta forma atuaram, decisivamente para o fim da escravidão *(SILVA, 2000, p.103)*.

Mesmo que muitos professores negros não se posicionem frontalmente contra o racismo em suas atividades docentes, isso não significa retrocesso. Poderá significar uma compreensão diferente das formas como se dão as relações raciais no Brasil e na escola. E estas estão intimamente relacionadas com as suas vivências enquanto pessoas negras, associadas às diferentes formas de se pensar o racismo no Brasil. Significa ainda a necessidade de ampliação do debate sobre as relações raciais, para que as pessoas tenham a oportunidade de refletir melhor sobre a nossa realidade social e política. Significa, igualmente, a urgência de efetivação de políticas públicas de formação de professores para o trato com a questão racial.

Ao ler e analisar as entrevistas com os professores negros, fiquei refazendo cenas em minha imaginação e rememorando minha própria infância na escola. Apesar de não ter tido muita certeza dos porquês das coisas, intuía que não éramos tratados com respeito. Eu era extremamente tímida. Compreendo hoje que não me relacionava ou conversava com praticamente ninguém para não dar motivos para que falassem de mim, do meu cabelo, da minha cor, como via muitos meninos fazendo com outras colegas. Apesar de ter sido sempre uma das melhores alunas da sala, recebia pouquíssimos elogios públicos; apesar de minha mãe criar diversos penteados em meus cabelos, nunca uma professora fez qualquer tipo de observação destacando a beleza dos mesmos. A escola em minha vida, principalmente, foi um lugar em que fiquei em silêncio para não me expor. Aprendi a gostar de mim enquanto negra por minha própria família, pelas referências positivas que tinha em minha rua e em meu bairro que é tradicional pelas manifestações da cultura afro-brasileira. Acompanhávamos cortejos de congado, assistíamos às sessões de benzedura feitas por minha madrinha, ouvíamos música negra nas festas em nosso terreiro e sempre recebíamos elogios de vizinhos e parentes. Éramos, para essas pessoas, meninas bonitas e inteligentes. Da escola vinham notícias, trazidas por minha irmã mais velha, de racismos manifestos por uma dita professora Alexina, que reprovava todos os alunos negros, e que, em um de seus momentos de fúria, havia batido a cabeça de um aluno negro na parede. Não me recordo de ter ouvido nenhuma repercussão do caso. Professoras negras, só me lembro de duas que deram aula para uma de minhas irmãs. Uma a colocou como noiva na festa junina, era uma professora bonita, carinhosa. A outra, Dona Esmeralda, além de professora era advogada, todos elogiavam sua inteligência, mas junto com os elogios, vinham comentários de que ela não era caprichosa, era "lambona" e porca. As demais professoras da escola eram todas brancas, e para mim elas eram mais limpas que eu, assim como minhas colegas de classe, mais bonitas, mais espertas, mais gente, talvez.

Compreendi mais tarde, por esses e outros motivos, que muitos de nossos amigos da rua, todos negros, nunca concluíram o ensino fundamental. A escola tirava nossas raízes, violentava a nossa identidade, e, para sobreviver, talvez fosse preciso ou nos calarmos ou nos revoltarmos. E os "rebeldes" eram expulsos da escola.

Biografias

Pessoas representativas para a luta dos (as) negros (as) no Brasil (cujos nomes foram tomados para identificar os professores das cinco entrevistas selecionadas para esta pesquisa).

Carolina de Jesus

Maria Carolina de Jesus é mineira e autora de *Quarto de Despejo* (sua obra mais conhecida). Esse livro foi publicado em 1960, teve repercussão internacional, figurando entre as obras mais expressivas da chamada "literatura documentária de contestação". Mas a notoriedade e a fama, o assédio da imprensa, a atenção do público e do Governo logo terminaram, e Carolina de Jesus voltou à miséria quase absoluta, à mesma vida de moradora de favela que retratara em seu primeiro livro.

Pobre e esquecida, pouco antes de sua morte em 1977, ela entregou a jornalistas que foram entrevistá-la os dois cadernos manuscritos que compõem o *Diário de Bitita*. Neles a autora escreveu sobre sua infância e sua luta contra a miséria e o preconceito racial. Dirigindo um olhar atento à realidade a sua volta e narrando com sensibilidade suas vivências pessoais, Carolina de Jesus criou um texto de força impressionante, que expressa a visão de mundo e também o papel histórico de uma imensa parcela oprimida da população brasileira.

Antonieta de Barros

Educadora, jornalista, escritora e primeira mulher eleita à Assembleia Legislativa de seu estado, Antonieta de Barros nasceu em 11 de julho de 1901, em Florianópolis, Santa Catarina. Normalista formada em 1921, fundou no ano seguinte o Curso "Antonieta de Barros", com o objetivo de combater o analfabetismo, "impedindo de gente ser gente", como dizia. Essa iniciativa foi um marco em sua carreira profissional e abriu-lhe novo horizonte: foi nomeada para a Escola Complementar anexa ao Grupo Escolar Lauro Muller; efetivada na cadeira de Português na Escola Normal Catarinense e professora de Português e Psicologia no Colégio Dias Velho, de onde, entre 1937 e 1945, foi diretora.

Enveredou pela literatura e jornalismo sob o pseudônimo de Maria da Ilha, fundou e dirigiu o jornal *A Semana* (1922/27), foi diretora da revista quinzenal *Vida Ilha* (1930); escreveu artigos para jornais *O Estado*, *República* e o livro *Farrapos de Ideias* (1937). Em 1931 começou a militar na política, sendo eleita deputada à Assembleia Estadual Constituinte, em 1935, pelo Partido Liberal Catarinense. No Congresso coube-lhe relatar o capitulo "Educação e Cultura" e "Funcionalismo". Em 1947, candidatou-se pelo Partido Social Democrático e, suplente, foi convocada para a 1ª legislativa (1947/51). Faleceu em Florianópolis a 28 de março de 1952.

Luíza Mahin

Africana guerreira, teve importante papel na Revolta dos Malês, na Bahia. Além de sua herança de luta, deixou-nos seu filho, Luiz Gama, poeta e abolicionista. Pertencia à etnia jeje, sendo transportada para o Brasil, como escrava.Outros se referem a ela como sendo natural da Bahia e tendo nascido livre por volta de 1812. Em 1830 deu à luz um filho que mais tarde se tornaria poeta e abolicionista. O pai de Luiz Gama era português e vendeu o próprio filho, por dívida, aos 10 anos de idade, a um traficante de escravos, que o levou para Santos. Luíza Mahin foi uma mulher inteligente e rebelde. Sua casa tornou-se quartel general das principais revoltas negras que ocorreram em Salvador em meados do século XIX. Participou da Grande Insurreição, a Revolta dos Malês, última grande revolta de escravos ocorrida na capital baiana em 1835. Luíza conseguiu escapar da violenta repressão desencadeada pelo Governo da Província e partiu para o Rio de Janeiro, onde também teria participado de outras rebeliões negras, sendo por isso presa e, possivelmente, deportada para a África. Luiz Gama escreveu sobre sua mãe: "Sou filho natural de uma negra africana livre, da nação nagô, de nome Luiza Mahin, pagã, que sempre recusou o batismo e a doutrina cristã. Minha mãe era baixa, magra, bonita, a cor de um preto retinto, sem lustro, os dentes eram alvíssimos, como a neve. Altiva, generosa, sofrida e vingativa. Era quitandeira e laboriosa". Luíza Mahin teve outro filho, lembrado em versos por Luiz Gama, cuja história é ignorada. Em 9 de março de 1985, o nome de Luíza Mahin foi dado a uma praça pública, no bairro da Cruz das Almas, em São Paulo, área de grande concentração populacional negra, por iniciativa do Coletivo de Mulheres Negras/SP.

Maria Brandão dos Reis

Rio das Contas é o nome da cidade mineira localizada na Chapada Diamantina, onde nasceu, em 22 de julho de 1900, Maria Brandão dos Reis, com um traço sob o último sobrenome, como queria. Mulher dinâmica, militante política das mais ativas. Com a viuvez, influenciada pela passagem da Coluna Prestes e o interesse pelo Partido Comunista, transferiu residência para Salvador, onde estabeleceu uma pensão, situada na Baixa do Sapateiro, que foi também o seu reduto de militância. Mulher de visão, oferecia guarida a todos que necessitavam de recursos para a sobrevivência imediata, além de livros e bolsas de estudos aos que queriam estudar, mesmo que professassem ideologia diversa. Em março de 1947, apoiou as reivindicações das moradoras do bairro do Corta Braço, ameaçadas de perder suas habitações, organizando vigília noturna e passeata de protesto. Maria Brandão dos Reis teve destacada atuação na "Campanha da Paz", organizada pelo PCB em 1950, tendo contribuído significativamente para a formação de Conselho da

Paz em vários municípios. Obteve o prêmio de " Campeã da Paz", que lhe valeu o direito de ir a Moscou receber a Medalha da Paz. Isso, porém, não se deu porque foi preterida por um jovem intelectual, que ali se embriagou e caiu no Rio Volga. Maria Brandão jamais perdoou o Partido Comunista pelo desrespeito e indiferença, declarando: " Sou preta e ignorante, mas esse papelão eu não faria". Escapou da prisão, na revolução de 1964, refugiando-se em Brasília por "aconselhamento espiritual" de Rosinha (Rosa Luxemburgo). Em 1965, retornou à Bahia, onde foi interrogada pela polícia sobre seu envolvimento com os comunistas. Faleceu em 1974, em Salvador, onde vive sua filha .

Luiz Gama

"Se negro sou, ou sou bode,
Pouco importa. O que isto pode?
Bodes há de toda a casta,
Pois que a espécie é muito vasta...
Aqui, nesta boa terra,
Marram todos, tudo berra..."

Luiz Gonzaga Pinto da Gama, filho da valente e insubmissa Luíza Mahin, nasceu em 1830 no estado da Bahia. Seu pai era um fidalgo português, que em 1840 vendeu o próprio filho a um traficante de escravos para pagar dívida de jogo.

Já em 1848, Luiz Gama não era mais escravo, conseguindo fugir do seu último "senhor", uma vez que carregava consigo os documentos comprobatórios de sua condição de negro liberto, com os quais lhe é permitido assentar praça no Exercito Brasileiro, quando em 1854 alcança o posto de cabo graduado. Por atos de "insubordinação" acabou por dar baixa no serviço militar, atos que, no seu entender, praticou com consciência e altivez na defesa da sua própria dignidade de criatura humana. Após trabalhar como copista e amanuense formou-se advogado. Conseguiu com talento libertar mais de quinhentos escravos. É dessa época que se projeta a sua fama de orador arrebatado, impetuoso e intrépido quando se punha diante de uma causa nobre, fazendo do jornalismo e da tribuna um poderoso instrumento com o qual vergastava os exploradores do suor alheio e os inimigos da humanidade. Foi ele que proferiu a célebre frase: "aquele negro que mata alguém que deseja mantê-lo escravo, seja em qualquer circunstância for, mata em legítima defesa!".

Autor de *Primeiras trovas burlescas de Getulino*, sua poesia política e satírica feria como a ponta de um punhal os alvos atingidos. Abolicionista dos mais eloquentes, convivendo com Castro Alves, Rui Barbosa e Joaquim Nabuco, Gama, entretanto, não chegou a ver o triunfo de sua causa, pois veio a falecer a 24 de agosto de 1882.

(In: OLIVEIRA, Eduardo. Quem é quem na negritude brasileira. CNBA: Brasília, 1998 p.174).

Bibliografia

AMARAL, Rita. *Educar para a igualdade ou para a diversidade? A socialização e a valorização da negritude em famílias negras.* In: *Os urbanistas Antropologia Urbana.* 2001. www.aguaforte.com/antropologia/educarparaque.html) internet.

AMMA – *Psique e negritude e quilombohoje. Gostando mais de nós mesmos*: perguntas e respostas sobre auto-estima e questão racial. São Paulo: Editora Gente, 1999.

APPIAH, Kwane Anthony. *Na casa de meu pai: a África na filosofia da cultura.* Rio de Janeiro: Contraponto, 1997.

AQUINO, Julio G. (Org.). Diferenças e preconceitos na escola. São Paulo: Summus, 1998.

BARBOSA, Irene. *Socialização e identidade racial.* In: Cadernos de Pesquisa, n. 63, São Paulo: 1987. p.54-5.

BARBOSA, Lúcia M. A . *et. al. De preto a afrodescendente: trajetos de pesquisa sobre as relações raciais no Brasil.* São Carlos: EdUFSCAR, 2003.

BARBOSA, Márcio. (Org.). *Frente negra brasileira: depoimentos.* São Paulo: Quilombohoje, 1998.

BARCELOS, Luiz Cláudio. *Educação: um quadro de desigualdades raciais.* Estudos afro-asiáticos, Rio de Janeiro, n. 23, p. 37-69,1992.

BENTO, Maria Aparecida S. *Cidadania em preto e branco: discutindo as relações raciais.* São Paulo: Ática, 2002.

BOGMA, R. e BIKLEN, S. *Investigação qualitativa em educação: uma introdução à teoria e aos métodos.* Porto: Porto Editora, 1994.

BOTELHO, Denise Maria. *Aya nini (Coragem) Educadores e educadoras no enfrentamento de práticas racistas em espaços escolares São Paulo e Havana*. Dissertação (Mestrado) Programa de Pós-Graduação em Integração da América Latina, Universidade de São Paulo, São Paulo, 2000. Mimeo.

BOURDIEU, Pierre. *A miséria do mundo*. Petrópolis: Vozes, 1998.

BUENO, Belmira; CATANI, Denice; SOUZA, C. P., (Orgs.). *A vida e o ofício dos professores*. São Paulo: Escrituras Editoras, 1998.

BURGESS, Robert. *A pesquisa de terreno: uma introdução*. Oeiras: Celta, 1997.

CANEN, A. *A formação de professores: diálogos das diferenças. Ensaios, avaliação e políticas públicas em educação*, Rio de Janeiro, v. 5, n. 17, p. 477-94 1997.

CARDOSO, Edson L. *Racismo: o papel do professor*. In:Cardoso, E.L. *Bruxas, espíritos e outros bichos*. Belo Horizonte: Mazza Edições, 1992.

CARDOSO, Marcos Antônio. *O movimento negro em Belo Horizonte*. Belo Horizonte: Mazza Edições, 2002.

CARDOSO, Marcos Antônio; SANTOS, Elzelina Dóris dos; FERREIRA, Edinéia Lopes. *Contando a história do samba*. Belo Horizonte: Mazza Edições, 2003.

CARVALHO, Marília Pinto de. *No coração da sala de aula: gênero e trabalho docente nas séries iniciais*. São Paulo: Xamã, 1999.

CARVALHO, José Jorge; SEGATO, Rita Laura. *Uma proposta de cotas para estudantes negros na universidade*. Brasília: UNB, 2002. Mimeo.

CAVALLEIRO, Eliane. *Do silêncio do lar, ao silêncio escolar*. São Paulo: Contexto, 2000.

______. (Org.). *Racismo e anti-racismo na educação: repensando nossa escola*. São Paulo: Summus, 2001.

______. *Educação anti-racista: compromisso indispensável para um mundo melhor*. p. 141-160. In: CAVALLEIRO, E. *Racismo e anti-racismo na educação: repensando nossa escola*. São Paulo: Summus, 2001.

COSTA, Jurandir Freire. Da cor ao *corpo: a violência do racismo.* In: SOUZA, Neusa Santos. *Tornar-se negro: as vicissitudes da identidade do negro brasileiro em ascensão social.* Rio de Janeiro: Edições Graal, 1983.

COSTA, Sérgio; WERLE, Denílson. *Reconhecer as diferenças: liberais, comunitaristas e as relações raciais no Brasil.* In: AVRITZER, L.; DOMINGUES, J. *Teoria social e modernidade no Brasil.* Belo Horizonte: Editora UFMG, 2000.

CUTI e FERNANDES, Maira Dolores. *Consciência negra do Brasil: os principais livros.* Belo Horizonte: Mazza, 2002.

D'ADESKY, Jacques. *Pluralismo étnico e multiculturalismo: racismo e anti-racismos no Brasil.* Rio de Janeiro: Pallas, 2001.

DAYRELL, Juarez (Org.). *Múltiplos olhares sobre a educação e cultura.* Belo Horizonte: Editora UFMG, 1996.

DIEESE. *Mapa da população negra no mercado de trabalho.* São Paulo, 1999.

ELLISON, Ralph. *Homem invisível.* São Paulo: Marco Zero, 1990.

FERNANDES, Florestan. *Significado do protesto negro.* São Paulo: Cortez, 1989.

_____. *A integração do negro na sociedade de classes.* São Paulo: Ática, 3ª. ed. Vol. 2, 1978.

FERREIRA, Ricardo Franklin. *Afro-descendente: identidade em construção.* São Paulo: EDUC; Rio de Janeiro: Pallas Editora, 2000.

FIGUEIRA, Vera. *O preconceito racial na escola: estudos afro-asiáticos.* Rio de Janeiro, n.18, p. 63-72, 1990.

FREIRE, Paulo. *Pedagogia do oprimido.* Rio de Janeiro: Paz e Terra, 1983.

GADOTTI, Moacir; FREIRE, Paulo; GUIMARÃES, Sérgio. *Pedagogia: diálogo e conflito.* São Paulo: Cortez, 1986.

GOES, Moacyr; CUNHA, Luiz Antônio. *O golpe na educação.* 4ª. ed. Rio de Janeiro: Zahar, 1987.

GOFFMAN, Erving. *Estigma: notas sobre a manipulação da identidade deteriorada.* Rio de Janeiro: Zahar Editora, 1975.

_____. *A representação do eu na vida cotidiana.* Petrópolis: Vozes, 1989.

GOMES, Nilma L. *A mulher negra que vi de perto.* Belo Horizonte: Mazza Edições, 1995.

_____. *Escola e diversidade étnico-cultural: um diálogo possível:* In: DAYRELL, Juarez. *Múltiplos olhares sobre a educação e cultura.* Belo Horizonte: Editora UFMG, 1996.

_____. *Formação de professores e diversidade étnico-cultural.* Belo Horizonte: UFMG, 1997. Relatório de pesquisa.

GOMES, Nilma L; GONÇALVES e SILVA, Petronilha B. (Orgs.). *Experiências étnico-culturais para a formação de professores.* Belo Horizonte: Autêntica, 2002.

GONÇALVES, Luiz Alberto O. *O silêncio, um ritual pedagógico a favor da discriminação racial: um estudo da discriminação racial como fator de seletividade na escola pública de primeira a quarta série.* Dissertação (Mestrado em Educação) – Faculdade de Educação, Universidade Federal de Minas Gerais, Belo Horizonte, 1985. Mimeo.

_____ . *Os movimentos negros no Brasil: construindo atores socioculturais.* Revista Brasileira de Educação, São Paulo/ANPED, p. 30-50, 1998.

GONÇALVES, Luiz A. O.; GONÇALVES e SILVA, P. *O jogo das diferenças: o multiculturalismo e seus contextos.* Belo Horizonte: Autêntica, 1998.

GONÇALVES, Marlene. *Viva Bela Verena: a saga de uma professora negra na memória de uma comunidade da mesma cor.* Ceilândia, DF: Idéia Editora, 2000.

GONÇALVES e SILVA, Petronilha. *Diversidade étnico-cultural e currículos escolares: dilemas e possibilidades.* Cadernos CEDES, Campinas, p. 25-34, 1993.

______. *Prática do racismo e formação de professores.* In: DAYRELL, Juarez. *Múltiplos olhares sobre a educação e cultura.* Belo Horizonte: Editora UFMG, 1996.

______. *Educação e pedagogia interétnica: encaminhamentos para fortalecimento dos descendentes de africanos.* In: *Encontro Nacional de Entidades Negras.* 1999, Rio de Janeiro. Mimeo.

GONÇALVES e SILVA; Petronilha; PINTO, Regina Phain (Orgs.). *Negro e educação: presença do negro no sistema educacional brasileiro.* São Paulo: Ação Educativa, 2001.

GOHN, Maria da Glória. *Teorias dos movimentos sociais: paradigmas clássicos e contemporâneos.* São Paulo: Loyola, 1997.

GUIMARÃES, Antônio Sérgio A. *Racismo e anti-racismo no Brasil.* São Paulo: Editora 34, 1998.

______. *Preconceito e discriminação: queixas de ofensas e tratamento desigual dos negros no Brasil.* Salvador: Novos Tempos, 1998.

GUIMARÃES, Antônio Sérgio A.; HINTLEY, L. *Tirando as máscaras: ensaios sobre o racismo no Brasil.* São Paulo: Paz e Terra, 2000.

______. *Classes, raças e democracia.* São Paulo: Editora 34, 2002.

HALEY, Alex. *Autobiografia de Malcolm X.* Rio de Janeiro: Record, 1992.

HASENBALG, Carlos. *Raça e oportunidades educacionais no Brasil.* Cadernos de Pesquisa, São Paulo, n. 73, p. 5-12, 1990.

HASENBALG, Carlos; VALE e LIMA. *Cor e estratificação social.* Rio de Janeiro: Contra Capa, 1999.

HENRIQUES, Ricardo. *Desigualdade racial no Brasil: evolução das condições de vida na década de 90.* Rio de Janeiro: texto para discussão n. 807, IPEA, 2001.

JESUS, Carolina Maria de. *Diário de Bitita.* Rio de Janeiro: Nova Fronteira, 1986.

JESUS, Regina de Fátima. *Professoras negras: assumindo a identidade étnica e desvelando o preconceito e a discriminação no cotidiano de vida e profissão.* ANPED, Caxambu: Mimeo, 2002.

KAERCHER, Gládis. *As representações do/a professor/a negro/a na literatura infanto-juvenil ou sobre os fluxos das águas.* In: SILVEIRA, Rosa Maria Hessel. *Professoras que as histórias nos contam.* Rio de Janeiro: DP&A Editora, 2002.

MCLAREN, Peter. *Rituais na escola: em direção a uma economia política de símbolos e gestos na educação.* Petrópolis Vozes, 1991.

MEIHY, José Carlos. (Org.). *Introduzindo a história oral no Brasil.* São Paulo: Xamã, 1996.

______. *Manual de história oral.* São Paulo: Loyola, 1996.

MOITA, Maria da Conceição. *Percursos de formação e de transformação.* In: NÓVOA, Antônio. *Vida de professores.* Porto: Porto Editora, 2000.

MUNANGA, Kabenguele. *Negritude: usos e sentidos.* São Paulo: Ática, 1988.

______. *Rediscutindo a mestiçagem no Brasil.* Petrópolis: Vozes, 1999.

______. (Org.). *Superando o racismo na escola.* Brasília: Ministério da educação, 2001.

NOGUEIRA, Oracy. *Tanto preto quanto branco: estudos de relações raciais.* São Paulo: Queiroz Editor, 1985.

NÓVOA, Antônio. *Vida de professores.* Porto: Porto Editores, 2000.

OLIVEIRA, Eduardo de. *Quem é quem na negritude brasileira.* São Paulo, Brasília: Secretaria Nacional de Direitos Humanos do Ministério da Justiça, 1998.

OLIVEIRA, Iolanda de. *Relações raciais e educação: alguns determinantes.* Niterói: Intertexto, 1998.

MÜLLER, Maria Lúcia Rodrigues. *Professoras negras na primeira república.* In: OLIVEIRA, Iolanda de. Cadernos PENESB. *Relações raciais e educação: alguns determinantes*. Niterói: Intertexto. Niterói: Intertexto, 1999.

OLIVEIRA, Ione Martins. *Preconceito e autoconceito: identidade e interação na sala de aula*. São Paulo: Papiros 1994.

OLIVEIRA, Rachel de. *Relações raciais na escola: uma experiência de intervenção*. Dissertação (Mestrado) – PUC-SP, São Paulo, 1992.

_____. *Escola, currículo escolar e currículo vitae*. In: LIMA, I.; ROMÃO, J. *Negros e currículo*. Florianópolis: NEN, 1997. (Série pensamento negro em educação.)

OLIVEIRA, Renato José de; CANEN, Ana; FRANCO, Monique. *Ética, multiculturalismo e educação: articulação possível?* Revista Brasileira de Educação, São Paulo/ANPED, p.113-126. 2000.

PERUCCI, Antônio Flávio. *Ciladas da diferença*. São Paulo: Editora 34, 1999.

PINTO, Regina Pahin. *Movimento negro e educação do negro: ênfase na identidade*. Cadernos de Pesquisa, São Paulo, n. 80, p. 41-50, 1992.

_____. *Multiculturalismo e educação de negros*. Cadernos CEDES, Campinas, n. 32, p. 35-48, 1993.

_____. *Diferenças étnico-raciais e formação de professor*. Cadernos de Pesquisa, São Paulo, n. 108, p.199-231, 1999.

QUEIROZ, Delcele Mascarenhas. *Mulheres no ensino superior no Brasil*. http// www.anped.org.br

QUEIROZ, Maria Isaura. *Relatos orais: do "indizível" ao "dizível"*. In: VON-SIMPSON. *Os experimentos com histórias de vida*. São Paulo: Vértice, 1988.

RIBEIRO, Maria Solange Pereira. *O romper do silêncio: a história e a memória na trajetória escolar e profissional dos docentes afrodescendentes das universidades públicas do estado de São Paulo*. Tese de doutorado, USP, Faculdade de Educação, São Paulo, 2001. Mimeo.

RIBEIRO, Ronilda. *Ação educacional na construção do novo imaginário infantil sobre a África.* In: MUNANGA, K. (Org.) *Estratégias e políticas de combate à discriminação racial.* São Paulo: Estação Ciência, 1996.

ROSEMBERG, Fúlvia. *Expansão da educação infantil e processos de exclusão. Cadernos de Pesquisa,* São Paulo, n. 107, p. 1-140, 1999.

_____. *Políticas educacionais e gênero: um balanço dos anos 90.* Cadernos Pagu, Campinas, n.16, p.151-197, 2001.

_____. *Raça e desigualdade racial no Brasil.* In. AQUINO, Júlio G. *Diferenças e preconceitos na escola: alternativas teóricas e práticas.* São Paulo: Summus, 1998.

_____. *Prefácio.* In: BENTO, Aparecida. *Prêmio: educar para a igualdade racial. Experiências de promoção da igualdade racial/ étnica no ambiente escolar.* São Paulo: CEERT, 2003.

ROSSATO, Cesar e GESSER, Verônica. *A experiência da branquitude diante de conflitos raciais: estudos de realidades brasileiras e estudinenses.* In: CAVALLEIRO, Eliane. *Racismo e anti-racismo na educação: repensando nossa escola.* São Paulo: Summus, 2001.

RUA, Maria das Graças. *As políticas públicas e a juventude dos anos 90.* In: *Jovens acontecendo na trilha das políticas públicas.* CNPD – Comissão Nacional de População e Desenvolvimento. vol. 2. Brasília: CNPD, 1998.

SACRISTÁN, Gimeno J. *A educação obrigatória: seu sentido educativo e social.* Porto Alegre: Artmed Editora, 2001.

SANTANA, Patrícia M. S. *Rompendo as barreiras do silêncio: projetos pedagógicos discutem as relações raciais em escolas municipais de Belo Horizonte.* In: GONÇALVES e SILVA; PINTO, Regina Phain (Orgs.). *Negro e educação: presença do negro no sistema educacional brasileiro.* São Paulo: Ação Educativa, 2001.

_____. *Professores negros como atores sociais em escolas municipais de ensino de Belo Horizonte.* Educação em Revista, Belo Horizonte, 187-207, 2000. Número especial.

SANTOS, Gláucia Romualdo dos. *Mulher não branca e magistério primário: uma versão em preto e branco da professorinha de azul e branco?* Dissertação (Mestrado em Educação) – FAE/UFMG, Belo Horizonte, 2000. Mimeo.

SANTOS, Isabel Aparecida dos. *A responsabilidade da escola na eliminação do preconceito racial: alguns caminhos.* In: CAVALLEIRO, Eliane. *Racismo e anti-racismo na educação: repensando nossa escola.* São Paulo: Summus, 2001.

SANTOS, Tereza Josefa Cruz dos. *Negro, educação e ascensão social.* ANPED, Caxambu: 2002. Mimeo.

SHUSSLER, Dolores. *Professora negra numa comunidade branca.* ANPED, Caxambu, 2202.

SILVA, Adriana Maria P. *Aprender com perfeição e sem coação: uma escola para meninos pretos e pardos na corte.* Brasília: Peano, 2001.

SILVA, Ana Célia. *Estereótipos e preconceitos em relação ao negro no livro de comunicação e expressão de primeiro grau.* Cadernos de Pesquisa, São Paulo, n. 63, p. 96-98, 1987.

SILVA, Consuelo D. *Negro qual é o seu nome?* Belo Horizonte: Mazza Edições, 1995.

SILVA, Eva Aparecida da. *Presença e experiência da mulher negra professora em Araraquara-SP.* Dissertação (Mestrado em Educação) – UNICAMP, Campinas, 2003. Mimeo.

SILVA, Jacira dos Reis. *Mulheres caladas: trajetórias escolares de professores negras em Pelotas.* Tese (Doutorado) – UFRGS, Porto Alegre, 2000. Mimeo.

SILVA, Rosângela Souza da. *As insularidades dos discursos e as triavilidades das práticas de professores (as) de uma escola pública perante o racismo, preconceito e discriminação racial.* Relações UNEB: Salvador, 2002. Mimeo.

SOUZA, Edileuza P. *Tamborizar: história e a construção da auto-estima das crianças e adolescentes negros e negras através dos tambores de congo.* In: *ANPED*: Poços de Caldas, 2003. Mimeo.

TEIXEIRA, Inês de Castro. *Os professores como sujeitos sócio-culturais.* In: DAYRELL, Juarez. *Múltiplos olhares sobre educação e cultura.* Belo Horizonte: Editora UFMG, 1996.

THOMPSON, Paul. *A voz do passado.* Rio de Janeiro: Paz e Terra, 1992.

TRINDADE, Azoilda Loretto da; SANTOS, Rafael dos (Orgs.). *Multiculturalismo: mil e uma faces da escola.* Rio de Janeiro: DP&A Editora, 1999.

TURRA, Cleusa; VENTURI, Gustavo (Orgs.) *Racismo cordial.* São Paulo: Ática; Folha de São Paulo; Datafolha, 1995.

VALENTE, Ana Lúcia E. F. *Proposta metodológica de combate ao racismo nas escolas.* Cadernos de Pesquisa, São Paulo, n. 93, p. 40-50, 1995.

VIEIRA, Ricardo. *História de vidas e identidades: professores e interculturalidade.* Porto: Edições Afrontamento, 1999.

_____. *Mentalidades, escola e pedagogia intercultural: educação, sociedades e culturas.* Oieiras:Porto, n. 4, p. 127-147. 1995.

_____. *Da multiculturalidade à educação intercultural: a antropologia da educação na formação de professores: educação, sociedades e culturas.* Oieiras: Porto. n.12, p.123-162, 1999.

XAVIER, Giseli P. *O contexto e os pressupostos para formação de professores em um instituto superior de educação: potenciais multiculturais?* Rio de Janeiro: UFRJ, 2002. Mimeo.

ZIVIANI, Denise Conceição das Graças. *À flor da pele: a alfabetização de crianças negras entre o estigma e a transformação.* Dissertação (Mestrado) Psicologia Social – FAFICH, UFMG, Belo Horizonte, 2003. Mimeo.

Sobre a autora

Nasci em Belo Horizonte no Bairro da Concórdia. Costumo dizer que Concórdia é um bairro de negros e de pessoas idosas. Um bairro antigo que, acredito, influenciou minha vida e minha maneira de compreender o mundo. Nas suas ruas seguíamos o congado e o boi. Também foi aí que cursei a pré-escola e o primário (como se dizia na época). Eu era uma menina muito tímida fora do ambiente de casa. Em casa e na rua gostava de brincar, correr, pular, desenhar.

Cresci com uma inquietação com relação às injustiças e desigualdades deste mundo. Já na adolescência comecei a atuar nos movimentos da Igreja Católica: grupos de jovens e pastorais, e foi nesse espaço que me formei politicamente.

Quando já estava na faculdade, cursando História, entrei em contato com o movimento negro e nunca mais abandonei a militância.

Tornei-me professora, e tenho certeza que escolhi a profissão certa. A educação sempre foi para mim uma possibilidade de contribuir para transformar o mundo, nem que seja um pouquinho.

Este livro foi composto na tipologia
Gatineau corpo 12/14 e impresso em
papel Offset 75g/m²(miolo) e
Cartão Royal 250g/m² (capa),
no mês de janeiro de 2011.